W0095415

V&R

Meike Stein

Spielend leichter unterrichten

Spiele und Aktionen in der Sek. I

Vandenhoeck & Ruprecht

Keller

Mit 27 Abbildungen

Bibliografische Information der Deutschen Nationalbibliothek
Die Deutsche Nationalbibliothek verzeichnet diese Publikation in der
Deutschen Nationalbibliografie; detaillierte bibliografische Daten sind
im Internet über http://dnb.d-nb.de abrufbar.

ISBN 978-3-525-70142-3
ISBN 978-3-647-70142-4 (E-Book)

Umschlagabbildung: James Thew / shutterstock.com
Abbildungen im Anhang von Meike Stein

© 2012, Vandenhoeck & Ruprecht GmbH & Co. KG, Göttingen /
Vandenhoeck & Ruprecht LLC, Bristol, CT, U.S.A.
www.v-r.de
Alle Rechte vorbehalten. Das Werk und seine Teile sind urheberrechtlich
geschützt. Jede Verwertung in anderen als den gesetzlich zugelassenen
Fällen bedarf der vorherigen schriftlichen Einwilligung des Verlages.
Printed in Germany.
Satz: SchwabScantechnik, Göttingen
Druck und Bindung: ⊕ Hubert & Co., Göttingen

Gedruckt auf alterungsbeständigem Papier.

Inhalt

.

Vorwort

Dieses Buch möchte ich Sabine Kalinowski widmen. Sie war es, die eines Tages zu mir sagte: »Weißt du, einige Spiele und Aktionen kenne ich noch aus meiner Schulzeit und aus meinen Anfangsjahren als Lehrerin. Aber im Laufe der Zeit habe ich sie vergessen. Und dann war da auch keine Zeit mehr dafür da, da ich immer das Gefühl hatte, dem Lehrplan hinterher zu laufen und sehr viel Zeit dafür aufwenden musste, überhaupt eine gute Arbeitsatmosphäre in der Klasse herzustellen.«

Dann erzählte ich ihr von einigen meiner Aktionen und Spiele im Unterricht und wie ich sie umsetze. Sabine war angetan und meinte, dass ich das unbedingt festhalten müsse: Nicht nur für die alten Hasen als Erinnerung, sondern auch für junge Kollegen als Anregung.

Oft dachte ich, das ist so banal, das kann ich doch keinem Verlag anbieten. Aber ich begann zu sammeln. Beim Schreiben wählte ich den Arbeitstitel »Verlorene Schätze heben«.

Auch ich habe zu lange zu wenig mit meinen Schülern im Unterricht gespielt und mir – so kann ich es jetzt im Nachhinein sagen – das Leben als Lehrerin dadurch schwerer gemacht als notwendig.

Im Folgenden habe ich vierzig Spiele und Aktionen zusammengestellt in der Hoffnung, Ihnen und Ihren Schülern diese verlorenen Schätze wieder in den Schulalltag zurückgeben zu können. Es war mein Wunsch, meine positiven Erfahrungen, wie einfach man Spielerisches in den Alltag einbauen kann und trotzdem und gerade deshalb den Lehrplan einhält, zu vermitteln. Bei allen Spielen geht es nicht darum, Zeit zu schinden, sondern durch eine angebotene und durchgeführte Aktion von ca. zehn Minuten Belebung, Bewegung, Freude und ein Miteinander zu bewirken. Effekt: Die Schüler werden motiviert und können dem restlichen Unterrichtsverlauf konzentrierter folgen.

Im Buch werden männliche wie weibliche Personen in der Summe als Schüler bzw. Lehrer angesprochen. Bei den *Spielanleitungen* wird die Klasse unter Umständen als Gruppe angesprochen, d.h. ihr und euch, manchmal auch die individuelle Form du oder deine gewählt. Ich habe bemerkt, wie erstaunt manche Schüler reagieren, wenn sie als einzelne Person wahrgenommen, angesprochen und zu Leistungen angespornt werden. Jeder möge hier jedoch bitte seinen Stil, von dem er überzeugt ist, anwenden.

In der Hoffnung, dass auch Sie Gefallen daran finden, verlorene Schätze zu heben, und den Mut haben, sie im Schulalltag einzubauen, wünsche ich Ihnen viel Freude mit dem Buch. Wichtig ist nur: Dass man es einfach macht!

Kocherbach, im Juni 2012   Meike Stein

Hinweise zur Durchführung

Für wen eignen sich die Spiele und Aktionen?

Sämtliche in diesem Buch beschriebenen Spiele und Aktionen habe ich mit Schülern aller Klassenstufen der Sekundarstufe I (5.–10. Klasse) durchgeführt. Sprachlich habe ich die Spiele und Aktionen in der Regel so formuliert, dass sie sämtliche Schülergruppen verstehen können. Mag das Wort »rotieren« einem Fünftklässler zu Recht noch nicht geläufig sein, wird er den Sinn des Wortes dennoch verstehen, wenn der Lehrer bei der Spielanleitung der Aktion *Spitzensportler* die Übung auch selbst vormacht. Das macht dann nicht nur Spaß, sondern erweitert auch gleich den Sprachschatz der Schüler.

Schön wäre es, wenn Sie die *Spielanleitungen* auch für die Schüler erweitern, um diese noch individueller anzusprechen. Jüngere Schüler lieben es, wenn sie z. B. bei dem Spiel *Der König von Sambala* viele märchenhafte Ausschmückungen zu den Wünschen des Königs und zu seinem Wesen erhalten. Bei der *Schreibkonferenz* ist es bei den Jüngeren angemessen, diese z. B. nur mit einfachen Fragen zu betrauen und größeren Wert auf Rechtschreibkorrekturen zu legen. So kann man diese Schüler leichter an diese Arbeitsmethode gewöhnen.

Pubertierende Schüler tun sich anfangs etwas schwerer mit dem Spiel *Blinzeln*. Sie finden es zunächst wohl etwas kindisch, dass man sich zuzwinkern soll. Wenn ich das merke, dann erzähle ich gern als Erweiterung meiner Spielanleitung, wie wichtig es im späteren Leben – für Schüler aktuell auf Partys und Klassenfesten – ist, blinzeln zu können.

Der Hinweis, dass beim Blinzel-Spiel der Bodyguard auch wirklich nur die Schultern des Promis festzuhalten hat und nicht auf die Brust desselben gegriffen werden soll, verschafft meist nicht nur einen lauten Lacher, sondern es lassen sich spätestens dann aufgebaute Barrikaden bei den pubertierenden Schülern in Luft auflösen.

Einige von Ihnen sind sicherlich zunächst skeptisch, ob man auch mit höheren Klassen wirklich noch spielen kann. Eigentlich wollen sich die Schüler hier meist cool und erwachsen präsentieren. Wenn es allerdings darum geht, sich einen Vorteil durch leichteren Unterricht zu verschaffen (wie z. B. bei *Kommando Wimperle*), sich auf das Berufsleben vorzubereiten (wie z. B. bei *Assessment-Center*) oder bei der *Erlebnisreise durch den Kopf* einfach mal zu entspannen, dann ist auch die Bereitschaft älterer Schüler für weitere Spiele und Aktionen im Unterricht gegeben.

Wie möchte man als Lehrer den Schülern in Erinnerung bleiben?

Natürlich möchte man gern gerecht sein und als Vorbild auftreten. Auch ich möchte das. Und ich möchte mehr: Ich möchte nicht nur die Lehrerin sein, die ihren Job mehr oder weniger erfolgreich macht, ich möchte auch als Person wahrgenommen werden. Und wenn es gewünscht ist, dass ich nicht nur *funktionieren* soll, dann ist es mir wichtig, authentisch zu sein. Das gelingt mir am leichtesten, wenn es mir gut geht und wenn ich so akzeptiert werde, wie ich bin – den Wunsch haben wohl Schüler wie Lehrer.

Die Spiele und Aktionen haben mir geholfen, wieder etwas mehr loszulassen. Spätestens als ich eine 5. Klasse fragte, warum es immer wieder erneut laut sei und wir nicht konzentriert arbeiten könnten, antwortete Julian S.: »Wissen Sie, wir wollen ja, aber wir sind Kinder und schaffen das noch nicht.«

Das rüttelte mich wach: der Druck, dieses Perfektionsdenken, dieser hohe Anspruch – das ist nicht alles! Ich sah wieder die jungen Mädchen und Jungen vor mir, die willig waren und mir anvertraut worden waren.

Seit diesem Loslassen frage ich meine Schüler häufiger danach, wie es ihnen gerade geht und was sie benötigen, damit es ihnen in meinem Unterricht gut geht. Gegebenenfalls kann ich auf die Bedürfnisse mit einer Aktion oder einem Spiel eingehen und dann konzentrierter und zielführender zum Unterrichtsstoff zurückkehren.

Wo werden die Spiele und Aktionen durchgeführt?

Alle Aktionen können im Klassenzimmer durchgeführt werden. Es ist der Lebens- und Arbeitsraum der Schüler in der Schule. Hier kennen sie ihre Sitzordnung und verleben in vertrauter Umgebung die meiste Zeit des Schuljahres.

Manchmal kann es passend sein, Spiele und Aktionen außerhalb des Klassenzimmers anzubieten. Gern führe ich in neue Kunstthemen ein und suche dazu Ausstellungsbereiche im Schulgebäude auf. Oft mache ich dadurch die Schüler auf etwas aufmerksam, was ihnen noch nicht aufgefallen ist: Dass sich schon andere Schüler mit dem angedachten Thema intensiv beschäftigt haben und ihre Erlebnisse den Mitschülern zur Verfügung stellen. So nehmen Schüler wieder den ganzen Schulkomplex als ihren Lern- und Erfahrungsraum wahr.

Bei Spielen, die im Stehen durchgeführt werden, bietet es sich evtl. an, mit der Klasse auf den Gang vor dem Klassenzimmer zu gehen, um keine Zeit für einen Tisch- und Stuhlumbau im Klassenzimmer zu verlieren.

Dieser Raumwechsel wirkt aber nicht nur einem Zeitverlust durch Umbauten entgegen: Schüler sind durchaus motivierter, wenn sie den normalen Lernplatz verlassen bzw. andere Orte ganz leicht und locker nutzen können.

Macht den Schülern beispielsweise das Spiel *Künstler und Modell* Spaß, lasse ich auch gern noch Fotostorys zu passenden Themen produzieren. Für das Drama *Romeo und Julia* eignete sich das Treppenhaus z. B. hervorragend als Bühnenbild, um die Balkonszene fotografisch festzuhalten.

In wenigen Fällen ersparen Sie sich Ihre Vorbereitungszeit auf den Unterricht, wenn Sie den Ort von vornherein wechseln. Beim Spiel *Naturkünstler* müssten Sie Blüten, Blätter usw. sammeln und frisch halten, um die Aktion im Klassenraum durchzuführen. Wechselt man von dort auf den Schulhof oder in den Schulgarten, fällt die ganze Aktion nicht nur leichter, sondern führt auch zu höherer Kreativität der Schüler.

Bei einem Raumwechsel empfiehlt es sich z. B., in der Stunde davor bereits anzukündigen, dass man sich zu Stundenbeginn auf dem Schulhof, im Schulgarten, in der Bibliothek, in der Aula usw. trifft. Die Schulleitung kann dann über den Raumwechsel rechtzeitig informiert werden.

Wichtig ist immer: Der alternativ zum Klassenzimmer aufgesuchte Raum soll wieder so hinterlassen werden, wie man ihn vorgefunden hat. Es ist leichter, wenn z. B. der Schulhausmeister weiß, dass auch ein Wettbewerb im Papierflieger-Weitflug zu keinem Chaos und zusätzlicher Arbeit für ihn führt.

Ebenfalls sollten die anderen Klassen durch Aktionen unbelästigt bleiben. Hier reagieren Kollegen meist offen und sogar positiv überrascht, wenn sie auf möglichen Lärm vorbereitet werden und ggf. auch ihrerseits darauf hinweisen können, dass sie sich Ruhe wünschen, da sie z. B. mit der Klasse eine Leistungskontrolle vornehmen. Dann können Sie auf diese Situation eingehen und ihre Aktion auch im Klassenzimmer durchführen, wo Sie eher gewährleisten können, dass es ruhiger ist.

Sie finden bei den Aktionen, die sich für einen Raumwechsel anbieten, Hinweise.

Wie werden die Aktionen durchgeführt und wie sehr muss sich der Lehrer darauf vorbereiten?

Ist es nicht anders beschrieben, bleibt die Sitzordnung der Klasse bestehen.

Für einige Spiele bietet es sich an, dass man sich auf Augenhöhe begegnet. In diesen Fällen wird ein Sitzkreis in den Spielanleitungen empfohlen. Je öfter z. B. Stuhlkreise gebildet werden, desto schneller und vor allem auch leiser können Sie diesen Umbau erwarten.

Große Teile der *Spielanleitungen* sind so formuliert, dass man sie den Schülern direkt vorlesen kann. Eine eigene (selbst formulierte) Erklärung braucht man dann in der Regel nicht mehr und kann direkt mit dem Spiel oder der Aktion starten. Sie erkennen diese Textteile an der anderen Schriftart.

Um Ihnen die Auswahl eines Spiels zu erleichtern, sind zu Beginn jeder Aktion mögliche Ziele und Chancen formuliert. Im Anschluss an die *Spielanleitung* finden Sie *Tipps,* die sich zum Ergänzen und Abrunden der Spiele und Aktionen anbieten.

Am wenigsten können Sie sich auf die Ergebnisse von Spielen und Aktionen vorbereiten. Beispielsweise werden Sie im Kapitel *Unterrichtsergebnisse greifbar machen* entdecken, wie viel entstehen kann, wenn man zwar einerseits eine klare Vorgabe gemacht hat und diese auch vollkommen erfüllt wurde und dennoch ein absolut unerwartetes Ergebnis zustande kommt.

Das sind dann die Momente, in denen man schmunzelnd und stolz nach Hause fährt und sich eingestehen muss, dass es wirklich viele Möglichkeiten für die verschiedenen Herausforderungen des Lebens gibt und die Schüler über ein großes Potenzial an Ideen verfügen, wenn man ihnen Raum und Gelegenheit zum spielerischen Ausprobieren und Erleben schenkt.

Was benötigt man zur Durchführung?

Da sämtliche Spiele und Aktionen im Klassenzimmer durchgeführt werden können und ohne große Vorbereitung stattfinden sollen, benötigt man in den seltensten Fällen mehr als das, was einem sowieso dort zur Verfügung steht: Die Schüler haben ihr Schreibzeug, Schere und Klebstoff dabei. Ihnen stehen die Tafel mit Kreide und auch ein Tageslichtprojektor zur Verfügung. Ist Ihre Schule bereits mit Smartboards ausgestattet, umso besser!

Nur ganz wenige der vierzig beschriebenen Spiele und Aktionen benötigen ergänzendes Material. In diesen Fällen gibt es den Hinweis *Benötigtes Material*. Dieses zusätzliche Arbeitsmaterial ist nicht nur in nahezu jeder Schule auffindbar, sondern steht zudem sogar auch in großer Fülle zur Verfügung.

Je weniger die Kinder es gewohnt sind, auch in der Schule zu spielen, desto häufiger ist die Frage nach dem Gewinn präsent. Das kennen Sie sicherlich aus dem Unterricht, wenn Sie nach Erteilen eines Arbeitsauftrags gleich gefragt werden, was davon benotet wird.

Meine Schultasche ist stets mit Süßigkeiten, Murmeln, Aufklebern, Postkarten usw. gefüllt. Aber auch hier gilt die Prämisse: Es muss im Vorbeigehen greifbar sein. Gibt es Treueherzen im Supermarkt, dann werden sie Motivationsaufkleber in Schulheften. Gibt es Aktionsstände mit Kugelschreibern, Schlüsselanhängern und Aufklebern, dann sage ich, wofür ich Material benötige und erhalte oft viele Sachen, die ich als Gewinn in der Schule nutzen kann. Natürlich achte ich darauf, dass diese Werbegeschenke möglichst neutral sind und ich Kugelschreiber von z. B. politischen Informationsständen als Preis meide. Natürlich kaufe ich auch ab und zu bewusst Süßigkeiten ein, wenn ich sowieso im Supermarkt bin oder hole Kleinigkeiten spontan beim Schulkiosk. Was macht schon der Preis einer Kekspackung aus, wenn ich dadurch nicht nur Kooperation, sondern auch Motivation erhalte?

Und das Spannendste ist: Je öfter Spiele und Aktionen durchgeführt werden, desto seltener wird von den Schülern nach dem Gewinn gefragt: Die Einstellung, nur für einen Gewinn (ggf. die Note) zu arbeiten, hört auf, es geht wieder um die Sache. Welch ein Erfolg!?

Warum soll man im Unterricht auch mal Spiele und Aktionen machen?

Eine Umfrage des *ProKids Institut für Sozialforschung* von 731 hessischen Kindern im Alter von neun bis vierzehn Jahren, die 200 Fragen beantworteten, ergab: Kinder fordern mehr Spiel, Sport und Spaß in der Schule. Dabei sollte sogar weniger am PC als gemeinsam gespielt werden.

Dem Wunsch wird ein Hamburger Schulleiter bereits seit Jahren gerecht. Er betonte auf einer von ihm ausgerichteten Spielefortbildung im Jahr 2009, dass bei seiner Schülerklientel fast kein normaler Unterricht zu erwarten sei. Er habe sich etwas einfallen lassen müssen. So entschied er, dass viele Schlüsselkompetenzen auch mithilfe von Spielen vermittelt werden können. Natürlich erhalten seine Schüler auch noch lehrplannahen Unterricht. Sein Weg dorthin ist jedoch ein anderer: Soziale Schwierigkeiten und Uneinigkeiten innerhalb der Klasse werden zunächst durch Spielphasen geklärt und so eine Bereitschaft zur Kooperation und Konzentration hergestellt.

Am Ende eines Schuljahres lasse ich gern meine Schüler aufschreiben, was ihnen in dem Fach gefallen hat bzw. was »hängen geblieben« ist. Dabei ist mir aufgefallen, dass sich viele Schüler überhaupt schwer tun, sich an Lernstoff oder Ähnliches zu erinnern. Eigentlich ist das verständlich, denn bei einem guten Unterricht geht ein Thema in das andere über. Dennoch: Highlights sind im Alltag wichtig.

Wann sollen die Spiele und Aktionen durchgeführt werden?

Jederzeit. Da, wo Alltag und Trott herrschen, tauchen schneller Frust, Intoleranz und Unruhe auf als dort, wo man jederzeit mit einer Überraschung rechnen kann.

Das beginnt mit einem ansprechenden Klassenzimmer, das man sich über das Schuljahr hin gestaltet (vgl. das Kapitel *Das Schuljahr beginnen*) und fordert immer wieder den wohlwollenden Kontakt und die Auseinandersetzung der Schüler untereinander und mit dem Lehrer.

Eine typische, gute Gelegenheit lässt sich wie folgt beschreiben: An einem ganz gewöhnlichen Montagmorgen frage ich die Schüler, wie es ihnen geht. Viele waren mit dem Wochenende zufrieden, hatten endlich mal etwas Zeit für sich gefunden, gefrühstückt und waren einigermaßen ausgeschlafen. Einige waren dabei, die sagten, sie fühlen sich unruhig und würden sich gern bewegen. Zwei waren dabei, die zugaben, sie hätten das Bedürfnis, etwas kaputt zu machen. Auf meine Nachfrage hin, weshalb sie etwas zerstören wollten, sagten sie, weil sie so viel Kraft hätten und nicht wüssten, wohin damit, und außerdem so viel Wut im Bauch.

Mit Konzentration war bei diesen Kindern wenig zu rechnen und somit entschied ich mich kurzerhand, mit einer Aktion zu beginnen, die die Klassengemeinschaft festigen sollte. Mit dem Spiel *Knoten entwirren* wurde die Aufnahmebereitschaft aller Schüler deutlich erhöht.

1. Das Schuljahr beginnen

Erfrischt und erfüllt kehren Sie nach den Sommerferien in die Schule zurück. Die ersten Konferenzen stimmen auf die Ziele des kommenden Schuljahres ein und einzelne Nachprüfungen schließen das vergangene Schuljahr ab.

Sie finden Zeit, sich mit Ihren Kollegen auszutauschen, Ihren Stundenplan zu verinnerlichen und sich auf die kommenden Klassengruppen einzustimmen. Neben all der Vorfreude gilt es, sowohl die Erholung von Lehrern als auch von Schülern so lange wie möglich in den Schulalltag hinüberzuretten und Gelassenheit zu bewahren, wenn der Apparat Schule erst stockend zu laufen beginnt.

Speziell in dieser Zeit ist es wichtig, dass sich Lehrer und Schüler die Zeit nehmen, einander kennenzulernen und erste Wünsche zu formulieren, die sie an die kommende Zeit haben. So wie sich der Lehrer zu Beginn des Schuljahres seinen Arbeitsplatz mit Bedacht einrichtet, ist es auch wichtig, das Klassenzimmer gemeinsam mit den Schülern nach individuellen Bedürfnissen zu gestalten.

Das Klassenalphabet als Standbild

Oft haben Sie das Glück, dass Sie bereits einzelne Schüler oder gar Klassen kennen, in denen Sie unterrichten werden. Je nach Neigung lernen Sie die Klasse dann einfach neu kennen und schauen dabei, wie sich der einzelne Schüler in diesem

neuen Schuljahr darstellt oder stimmen sich ggf. mittels der Schülerakten auf Ihre Schüler ein.

In den Ferien durfte sich jeder so bewegen, wie er es wollte. Nun wird wieder ein ruhiges Verhalten und konzentriertes Aufnehmen von neuen Unterrichtsinhalten gewünscht. Die Umstellung fällt nicht jedem leicht. Abhilfe schafft die Aktion *Klassenalphabet als Standbild,* da sie das Stillsitzen durch eine kurze Bewegungseinheit auflockert. Kennt sich die Klasse bereits, ist es schön, wenn Sie in der Vorbereitungsphase des Spiels private Gespräche kurz zulassen und dann das Spiel stumm bzw. nur mit Zeichensprache durchführen.

Benötigtes Material
Stoppuhr (z. B. Handy)

Spielanleitung
Ihr dürft gleich alle aufstehen. Wir wollen unser Klassenalphabet stellen. Vorne links im Klassenraum steht der Schüler mit einem A als Anfangsbuchstaben des Vornamens und vorne rechts endet unser Klassenalphabet mit dem Vornamen Z.

Ich bin gespannt, wie lange ihr braucht, dieses Klassenalphabet zu stellen. Schätzt mal, wie viel Zeit es benötigt, euch in der richtigen Reihenfolge eurer Vornamen aufzustellen.

In der Regel werden Sie Schülereinschätzungen von fünf bis zehn Minuten erhalten. Halten Sie diese geschätzten Werte fest. Dann nehmen Sie eine Stoppuhr (Handy) und fordern die Schüler auf, zu beginnen.

Nun kann es – es sei denn, Sie spielen das Spiel stumm – etwas lauter werden. Die Schüler fragen einander nach den Namen und müssen z. B. auch klären, wie bei Namen wie Martin und Martina zu handeln ist. Bei gleichen Namen und gleicher Schreibweise fällt ihnen dann meist ein, dass dann der Nachname hinzugezogen wird.

Als Lehrer halten Sie sich zurück, beobachten die Schülercharaktere und ihre methodische Vorgehensweise. Blicken

Sie gern demonstrativ auf die Uhr, um die Schüler zu zeit-effektiver Leistung anzuspornen.

Steht die Klasse in der gewünschten Reihenfolge, lassen Sie einen Schüler als Joker die alphabetische Reihenfolge überprüfen. Bei diesem Vorgang klären Sie mit ihm vor der Klasse und ggf. mithilfe von Schülerergänzungen, wie ähnliche Worte im Alphabet, Telefonbuch oder z. B. im Duden zu finden sind.

Ist die Kontrolle durchgeführt, stoppen Sie die Zeit und teilen mit:

Ihr habt _____ Minuten und _____ Sekunden benötigt.

Glaubt ihr, dass wir diese Zeit in einer zweiten Spielrunde unterbieten können? Schließlich wisst ihr ja jetzt, wie mit alphabetischen Problemfällen umzugehen wäre.

Also, bei der zweiten Spielrunde sollt ihr den Vornamen mit dem Anfangsbuchstaben Z vorne links platzieren und den Vornamen mit einem A vorne rechts.

Hier sind die Schüler meist sehr optimistisch und Einzelnen fällt auch auf, dass man einfach ganz langsam die Plätze tauschen müsste.

Die Schüler machen wiederum einen Zeitvorschlag. Gern können Sie an dieser Stelle einen Gewinn ausschreiben, um die Schüler weiter anzuspornen. Passend könnte es beispielsweise sein, dass es am heutigen Tag keine oder weniger Hausaufgaben gibt, wenn sie schneller sind.

Sie starten erneut die Zeitmessung und führen die zweite Spielrunde durch.

Nach der zweiten Spielrunde haben viele Schüler verstanden, wie man schnell, ruhig und einfach das Klassenalphabet stellen könnte. An der reibungslosen Umsetzung hapert es jedoch noch häufig.

Sinnvoll wäre es, wenn die Schüler in einem dritten und vierten Durchgang die Nachnamen von A bis Z und von Z bis A stellen würden. So ist gesichert, dass die Schüler direkt ihren Lernerfolg sehen. Sie werden wahrscheinlich bei jedem

weiteren Mal die Zeit deutlich unterbieten wollen und können. Der mögliche Gewinn tut sein Übriges.

Tipp

Abschließend können Sie ein Klassenfoto z. B. mit Ihrem Handy machen. So haben Sie die Schüler gleich in der richtigen Namensreihenfolge sortiert und können das Klassenfoto der Schüler im Klassenzimmer aufhängen. Besonders nett ist es, wenn Sie als Klassenlehrer dieses Klassenfoto samt einer Namensliste auch den Kollegen zukommen lassen. Es erleichtert dann auch jenen, schnell die Namen der Schüler zu lernen.

Bitte holen Sie aus Rechtsgründen die Elternerlaubnis für dieses Foto ein (z. B. als kleine Hausaufgabe dieser Stunde). Befinden sich auf einem Foto mehr als 25 Personen, dürfen Sie auch ohne Erlaubnis fotografieren und das Bild ausstellen.

Assessment-Center

Ein Assessment-Center ist ein Berufsauswahlverfahren, bei dem Personalabteilungen unter mehreren Bewerbern denjenigen ermitteln, der am besten bezüglich seiner Denk- und Verhaltensmuster, aber auch dank seines kreativen Vermögens in das Unternehmen passt.

Beim Spiel kommt der wahre Charakter zum Vorschein. Das kann erschreckend sein, das kann aber auch wunderschön sein. In jedem Fall lernt man sich selbst besser kennen und trainiert die Selbsteinschätzung. Wie will man später im Beruf nachgeben können oder großzügig sein, wenn man dies nicht spielerisch gelernt und erprobt hat?

Spielanleitung

Wir spielen gleich das Spiel *Assessment-Center*. Dazu sucht jeder drei Gegenstände im Klassenzimmer aus, die ihn beschreiben. Alle Gegen-

stände, die sich im Klassenzimmer befinden, dürfen für dieses Spiel verwendet werden.

Ich habe es z. B. oft leicht, denn ich liebe es zu schreiben und so finde ich in einem Stück Kreide oder einem Stift meinen ersten mich beschreibenden Gegenstand. Sollten Sie ein Handyverbot an der Schule haben, würde ich es für diese Aktion kurzfristig aufheben, damit einige Schüler auch mit diesem Gegenstand ihre mögliche Passion präsentieren können.

Für dieses Spiel habt ihr fünf Minuten Zeit. Es wäre schön, wenn diejenigen, die früher fertig sind, damit anfangen, einen Stuhlkreis zu bauen.

Es passiert oft, dass Schüler keine drei Gegenstände finden.

Natürlich können Sie bei diesem Spiel ihre Schüler und deren mögliche Schwierigkeiten, die sie haben, beobachten. Ich denke aber, dass es schön ist, wenn Sie mitspielen. So lernen Sie Ihre Schüler besser kennen und Ihre Beziehung wird gestärkt.

Versammeln Sie nach der Spielzeit die Schüler im Stuhl-kreis und lassen Sie diese ihre Gegenstände (und Namen) und was sie mit diesen verbindet, vorstellen. Sollte der Fall eingetreten sein, dass einzelne Schüler wirklich nur ein oder zwei sie beschreibende Gegenstände gefunden haben, kann man das ruhig einmal so stehen lassen. Sie sollten aber darauf verweisen, dass man zukünftig dennoch versuchen sollte, Aufgabenstellungen vollkommen zu erfüllen. Sie sind häufig ein Maßstab, um vergleichen zu können und um gerecht sein zu können.

Spaß macht es einigen Schülern, wenn Sie die Gelegenheit erhalten, ihr Gedächtnis auf die Probe zu stellen und alle Namen und z. B. dazu gewählte Gegenstände wiederholen dürfen. Das ist zu vergleichen mit dem weitverbreiteten Spiel *Ich packe meinen Koffer.*

Tipp

Sollten Sie den Aktionsraum *Klassenzimmer* erweitern können, wird das Spiel spannender. Versammeln Sie die Klasse z. B. auf dem Schulhof und bieten Sie seine Möglichkeiten als Fundgrube an.

Wenn Sie befürchten, dass Sie die Aufsichtspflicht vernachlässigen, dann grenzen Sie den Aufenthaltsbereich der Schüler z. B. auf das Areal bei den Fahrradständern, bei Spielgerüsten o. Ä. ein.

Wichtig ist der Hinweis, dass Schüler gern Unkraut nehmen dürfen, wenn sie Blumen oder Natur mögen. Zierpflanzen der Schulbeete oder Blätter der Bäume sollten tabu sein, da z. B. Letztere für die Fotosynthese für den Rest diesen Jahres benötigt werden.

Auch für den Außenbereich der Schule können Sie eine Lösungsmöglichkeit vorgeben und sagen:

Wenn ich ein Steinchen finde und es ist rund, kann ich je nachdem, wie ich mich fühle, z. B. sagen, dass ich mich auf das Schuljahr freue, es mir rundum gut geht oder dass ich hoffe, dass das Schuljahr eine runde Sache wird.

Eine schöne Hausaufgabe wäre es, nach der Aktion die Schüler dazu aufzufordern, einen bewusst ausgewählten Gegenstand von zu Hause mitzubringen. So erfahren Sie noch viel mehr über die Hobbys und Vorlieben Ihrer Schüler. Auch fällt es den Schülern dann meist leichter, sich und Hobbys vorzustellen.

Menschenscanner

Bei diesem Spiel können Sie die Beobachtungsgabe Ihrer Schüler testen. Sie werden zudem vertrauter im Umgang miteinander. Befürchten Sie – insbesondere bei pubertierenden Schülern – unangemessene Äußerungen für Einzelne, bietet es sich an, das Spiel nur ein- oder zweimal zu spielen. Meist melden sich dann die Beliebten der Klasse und Sie können die ruhigeren Mitschüler raten und somit punkten lassen.

Spielanleitung

Beim Menschenscanner benötige ich einen Freiwilligen als Hauptperson, der drei Dinge an seinem Aussehen, seiner Bekleidung verändert und einen Helfer, der ihn berät. Die Klasse ist der Menschenscanner und wird nun herausgefordert, diese Veränderungen zu benennen.

Ist der Freiwillige gefunden, gibt es folgende Arbeitsanweisung: Stell dich vorn auf einen Stuhl oder einen Tisch und dreh dich im Kreis. Wir wollen ganz genau sehen, wie du deine Kleidung, Schmuck, Frisur usw. trägst. Nun verlasse mit deinem Helfer das Klassenzimmer und verändere drei Dinge an dir.

Bei den ersten Spieldurchgängen empfiehlt es sich, mit den beiden Freiwilligen vor die Tür zu gehen, um ihnen Anregungen zu geben, was sie verändern könnten – z. B. Schuhe verkehrt herum anziehen, Schmuck miteinander austauschen, den Haarscheitel verändern usw.

Nach der Rückkehr ins Klassenzimmer steigt die Hauptperson auf den Stuhl oder Tisch und dreht und wendet sich. Der Helfer (ggf. Sie) ruft die Mitschüler zum Benennen der Veränderungen auf.

Wer die letzte Veränderung erraten hat, kann selbst die Hauptperson oder der Helfer sein oder zwei neue Spieler, die sich als Freiwillige anbieten, bestimmen.

Tipp

Scheint Ihren Schülern das Verändern von ihrer Bekleidung zu persönlich zu sein, können Sie auch das Spiel *Fotograf* anbieten. Dabei steht die Klasse als Gruppenbild zusammen und ruft drei Mal »Bitte lächeln« oder »Cheese«. Das ist die Zeit, in der sich der zuvor ernannte Fotograf die Gruppe und deren Aufstellung einprägen kann. Dann verlässt er den Raum, und die Klasse berät, welcher Mitschüler sich versteckt. Dann

kommt der Fotograf zurück und kann in der Zeit, während die Klasse wieder dreimal hintereinander »Bitte lächeln« oder »Cheese« ruft, den fehlenden Schüler erraten.

Bildhauer

Bei diesem Spiel stellen die Schüler in einer Kleingruppe eine Skulptur dar.

Spielanleitung

Steht bitte auf und bildet einen Kreis. Jeweils vier nebeneinanderstehende Schüler sind ein Team. Einer ist der Bildhauer und stellt mithilfe der anderen drei Schüler eine Skulptur her.

Lasst uns Tiere darstellen. Felix möchte als Bildhauer z. B. einen Elefanten darstellen. Er bittet dafür Anna, einen Tierkopf mit Rüssel darzustellen, Max den Korpus und Lara das Hinterteil. Felix darf dann der Klasse sein Kunstwerk präsentieren – wie alle anderen Bildhauer auch. So haben wir sozusagen eine hübsche, große Kunstausstellung.

In der nächsten Spielrunde können Sie beispielsweise Sportler und deren ausgeübte Sportarten darstellen lassen. Hier wird es besonders lustig, wenn die Skulptur zum Leben erweckt wird und typische Bewegungen und Geräusche macht.

Durch Letzteres lassen sich in weiteren Spielrunden auch sehr gut Berufe (z. B. Tankwart, Dachdecker) und andere Kulturen (z. B. ein italienischer Eisverkäufer) darstellen.

Tipp

Es gibt viele Schüler, die etwas besonders gut verstehen, wenn sie es sehen. Wenn ich im Fach Deutsch die Reimschemata von Lyrik visualisieren möchte, fordere ich beispielsweise zwei Jungen und zwei Mädchen (oder jeweils zwei Schüler, die ein gleichfarbiges Oberteil tragen) auf, nach vorne zu gehen, und lasse die Klasse die Mitschüler so platzieren und

an den Händen fassen, dass Paarreim (aa bb), Kreuzreim (a b a b) und umarmender Reim (a b b a) dastehen.

Weiterer Tipp

Macht es den Schülern Spaß, etwas darzustellen, bietet es sich an, dass Sie eine Fotostory zu einem Text erstellen lassen. Um die Schüler für das Recht auf Privatssphäre und auf das Recht des eigenen Bildes zu sensibilisieren, erlaube ich bei der Produktion der Fotostory nur einen (meinen) Fotoapparat und bin bei den Aufnahmen dabei: entweder als Fotograf oder als Assistent des Schülerfotografen. Nach dem Fotografieren frage ich die Schüler, ob ihnen das Foto und sie sich selbst gefallen. Erst danach steht das Bild zur weiteren Bearbeitung zur Verfügung.

Lassen Sie die in Gruppen aufgeteilten Schüler beispielsweise eine Szene zu einem Drama darstellen. Dabei sollen nur Requisiten aus dem Klassenzimmer verwendet werden. Wird bei *Romeo und Julia* der Cousin Mercutio erschossen, kann man beispielsweise das große Schulgeodreieck oder Schullineal als Waffe nutzen und später auf die Wirkung dieser Requisiten eingehen.

Anschließend dürfen die Gruppen im PC-Raum die von Ihnen zur Verfügung gestellten Fotos (Übertragungskabel vom Fotoapparat zum PC mitnehmen) mit Sprechblasen und Überleitungstexten überarbeiten und erweitern. Jedes Gruppenmitglied erhält im Anschluss entweder eine Kopie der ausgedruckten Fotostory oder die Ergebnisse werden per Beamer der Klasse präsentiert.

Spuren hinterlassen

Es ist für Schüler oft ungewohnt, sich für einen gewissen Zeitraum ein Ziel zu stecken bzw. sich überhaupt darüber bewusst zu werden, dass man sich selbst Ziele stecken und sie erreichen kann.

Spielanleitung

Lasst uns Spuren hinterlassen. Male eine Hand und einen Fuß auf ein Blatt Papier. Umkreise dabei mit einem Stift deine Hand und deinen Fuß. Du kannst selbst entscheiden, ob du deinen Schuh ausziehen willst. Sollten deine Füße schon größer als eine DIN-A4-Seite sein, dann kannst du gern zwei Seiten zusammenkleben.

Schneide nun die Formen aus und notiere, was du im kommenden Schuljahr mit deiner Hand anpacken willst und welche neuen Wege du mit deinem Fuß gehen möchtest.

Bei dieser Aktion zieren sich viele Schüler, die Schuhe auszuziehen. Wenn sie jedoch deutlich machen, dass, wenn alle Schüler die Schuhe ausziehen, man den Käsefuß nicht mehr orten könne, haben Sie meist nicht nur einen Lacher auf ihrer Seite, sondern auch viele ausgezogene Schuhe.

Sollten Sie diese Papierspuren in der Klasse ausstellen wollen, dann wäre es schön, wenn Sie farbiges Papier austeilen, auf das sowohl die Hand als auch der Fuß geklebt werden kann. Je kartonierter das Papier ist, desto ansehnlicher wird die Präsentation in der Klasse.

Tipp

In vielen Kursen für Persönlichkeitsentwicklung werden nicht nur Techniken vermittelt, seine persönlichen Ziele zu formulieren, sonders es wird auch oft angeregt, sogenannte *Vision-Boards* (selbst gemalte, geklebte, kreierte Bilder/Collagen/Objekte, die eigene Ziele verdeutlichen) zu gestalten, um sich seine Zukunft besser vorstellen zu können.

Weiterer Tipp

Haben viele Schüler beim *Spuren hinterlassen* ihre Schuhe ausgezogen, leite ich danach gern im Deutschunterricht zur Textform Gegenstandsbeschreibung über. Dabei gilt, den eigenen Schuh so schriftlich zu beschreiben, dass es möglichst lang dauert, um ihn zu erkennen.

Nach dem Ausformulieren der Texte wird ein Stuhlkreis

gebildet und die verschiedenen Schuhpaare werden in die Mitte gelegt. Ein Schüler liest seine Schuhbeschreibung vor und die anderen erraten, um welches Schuhpaar in dem Schuhstapel es sich handelt. Wer richtig geraten hat, ist als nächster an der Reihe und darf seinen Text vorlesen. Mit dieser Übung lernen die Schüler, Allgemeines detailliert zu formulieren.

Wollen Sie, obwohl nur wenige Schüler ihre Schuhe ausgezogen haben (evtl. auch gar keiner), dennoch eine Gegenstandsbeschreibung im Deutschunterricht einführen, dann bietet sich das Federmäppchen oder der eigene Füller als zu beschreibender Gegenstand an.

Künstler und Modell

Heutzutage ist es nicht nur sehr leicht, auf den Auslöser eines Fotoapparates oder Handys zu drücken, sondern auch sehr preiswert sich Fotos in sämtlichen Größen zu verschaffen.

Mit dieser Aktion fördern Sie das Selbstbewusstsein der Schüler und bieten eine Alternative zur Selbstdarstellung an. Schön ist es, wenn die entstandenen Schattenbilder an der Pinnwand präsentiert werden.

Spielanleitung
Wir wollen mit dem Overheadprojektor Schattenbilder von uns herstellen. Dazu gibt es einen Künstler, der das Schattenbild durch Umranden des Schattens mit einem Bleistift herstellt, und einen Schüler, der ihm Modell sitzt.

Das Modell sitzt ganz nah vor einer möglichst weißen Wand und wird vom Licht des Tageslichtprojektors z. B. im Profil angestrahlt. Der Künstler fixiert ein weißes Blatt (mit Tesafilm) an der Wand und malt so genau wie möglich die Konturen des Kopfes nach. Ist er fertig, werden die Rollen getauscht. Anschließend schneidet jeder Schüler sein Schattenbild aus.

Je nachdem, wie nah das Modell an der Wand sitzt, lässt sich

die Größe des Kopfes variieren. Für den Anfang ist es empfehlenswert, DIN A3 zu wählen.

Hilfreich ist es, mehrere Tageslichtprojektoren zu nutzen und aus Platzgründen nach Möglichkeit auch auf den Schulflur auszuweichen.

Tipp

Diese Schattenbilder eigenen sich sehr gut für eine Ausstellung in der eigenen Klasse. Diese wirkt harmonisch, wenn alle Köpfe mit der Nasenspitze nach rechts ausgerichtet sind oder frontal die Kopfformen zeigen.

Auch können Sie zugleich einen Geburtstagskalender der Klasse anlegen. Hängen Sie dazu die Bilder in der Reihenfolge der Geburtstage seit Beginn des Schuljahres an der Wand auf und lassen darunter den Geburtstag notieren.

Alphabetisch aufgehängte Bilder bieten relativ leicht einen Ämterplan der besonderen Art: Ein verschiedenfarbiges Post-it auf dem Schattenbild bestimmt den jeweiligen Schüler und dessen Wochenaufgaben. Sollten Sie Bedenken haben, dass aufgeklebte Zettel das Schattenbild beschädigen, können Sie die Aufgaben der Schüler auch durch angeheftete bunte und passend beschriftete Wäscheklammern verdeutlichen.

Besonders schön ist es, wenn Sie die Schüler darauf aufmerksam machen, dass solche Schattenbilder auch gute (Weihnachts-) Geschenke für die Familie sind und gerahmt meist einen Ehrenplatz bei dem Beschenkten finden.

Naturkünstler

Lassen Sie die Schüler als Naturkünstler Bilder aus Naturfarben herstellen. Im Fach Biologie können Sie auf diese Art und Weise spielerisch auch noch die Namen heimischer Pflanzen am Wegesrand wiederholen oder im Fach Religion die Schöpfungsgeschichte und dass Gott für alles sorgt, thematisieren.

Benötigtes Material
Löwenzahnblüten und Sauerampferblätter in der Anzahl der Schülergruppe

Spielanleitung
Stellen Sie Löwenzahn und Sauerampfer in ausreichender Menge zur Verfügung und machen Sie vor, wie man durch Zerquetschen der Blüten, Stengel und der Blätter die Pflanzenfarbe auf das Papier bringt.

Schöner ist es bei dieser Aktion allerdings, wenn Sie die benötigten Blüten des Löwenzahns und die Sauerampferblätter gemeinsam mit der Klasse in der Natur sammeln. Dort stünden Ihnen allen dann auch noch mehr Blumen zum Malen zur Verfügung.

Tipp
Bei dieser Aktion ist darauf hinzuweisen, dass es viel schöner ist, sie direkt in der freien Natur auszuführen. Sie müssen sich vorab nicht um die Pflanzen kümmern und können noch mehr Wiesenblumenarten verwenden.

Zum Malen sollten die Schüler eine feste Unterlage, z. B. ihren Kunstblock, mitnehmen.

Weiterer Tipp
Diese Kunstwerke eignen sich sehr gut, um ein Deckblatt der besonderen Art für einen Schnellhefter anzulegen und gleichzeitig die Schüler dafür zu sensibilisieren, dass benötigtes Material in der Natur oft bereits kostenlos zur Verfügung steht.

Gern erstelle ich auf diese Weise auch besonderes Briefpapier. Für einen geplanten Elternabend können die Schüler beispielsweise einen Gruß an die Eltern notieren und die zusammengefaltete Seite von außen mit ihrem Namen versehen, um damit ihren Sitzplatz im Klassenzimmer zu kennzeichnen.

Gern rege ich die Schüler auch dazu an, auf hochwertigem Papier Gruß- und Einladungskarten herzustellen.

Himmel und Hölle

Viele der heute üblichen Wiedergutmachungen, die Schülern auferlegt werden, wenn sie gegen die Schulordnung verstoßen haben, sind bis zur nächsten Stunde zu erledigen. Die Praxis zeigt, dass sich Schüler dem häufig verweigern. Jede Verweigerung geht mit einem Autoritätsverlust des Lehrers einher, weil ihm nichts anderes übrig bleibt, als das zu respektieren bzw. mit der Zeit unverhältnismäßigen Druck aufzubauen, um eine Einsicht bei dem Schüler anzuregen.

Es ist wichtig, Modi und Szenarien zu finden, die sofort ausführbar sind. Das ist die Maßgabe dafür, dass man mit dem Faltspiel *Himmel und Hölle* die Konfrontationssituation, die sonst bei einem bzw. jedem weiteren Regelverstoß zwischen dem Lehrer und dem Schüler besteht, verlagert.

Die Klasse steuert die Maßregelung des Regelübertreters. Der Reiz besteht darin, dass die sofort und vor der Klasse auszuführende Aufgabe zwar manchmal weniger arbeitsaufwendig, aber für die Mitschüler dann nachvollziehbarer ist und einen gewissen Peinlichkeitsfaktor enthalten kann. Der Schüler, der gegen Regeln verstoßen hat, muss sich überwinden und eine Aufgabe erledigen, die ihm vielleicht unangenehmer ist und eher eine Änderung seines Verhaltens bewirkt als eine still und stupide geleistete herkömmliche Strafarbeit, wie z. B. das Abschreiben einer Schulregel.

Somit bekommt das Faltspiel *Himmel und Hölle* in Verbindung mit den wiedergutmachenden Aufgaben für alle zusammen auch noch eine soziale Komponente.

Vorbereitung
Lassen Sie anhand der sich im Anhang befindlichen Faltanleitung jeden Schüler ein Spiel *Himmel und Hölle* herstellen. Basis für das Papierquadrat sollte eine DIN-A4-Seite sein.

Spielanleitung

Die Klassen- sowie Schulordnung ist bekannt und wird von Einzelnen dennoch wiederholt gebrochen. In letzter Zeit geschieht es sogar häufig, dass abzuschreibende Texte unzuverlässig abgeliefert werden. Das ist unerfreulich: nicht nur für den Lehrer, sondern auch für euch Mitschüler, die sich ihrerseits um ein angemessenes Verhalten in der Gemeinschaft bemühen.

Nun seid ihr aufgefordert, euch Aufgaben einfallen zu lassen, die für euch eine Wiedergutmachung darstellen, wenn jemand unsere gemeinschaftlich festgelegten Regeln bricht. Nehmt dann das selbst gebastelte Spiel *Himmel und Hölle* und notiert auf die ersten Fächer Zahlen. Danach schreibt ihr in die darunter liegenden Fächer Vorschläge, was euch bei einem Regelbruch entschädigen würde. Schreibt z. B.: »Hüpfe auf einem Bein durch das Klassenzimmer« oder »Sage ein selbst gereimtes Gedicht auf« oder »Wische jede Schreibtischplatte im Klassenraum ab.«

Am Ende werden alle Himmel- und Hölle-Spiele eingesammelt. Wenn es zu Regelverstößen durch einzelne Schüler kommen sollte, kann ein wahllos geloster Spiel eines Schülers hervorgeholt und eine sofort auszuführende Wiedergutmachung verabredet werden.

Manchmal ist damit zu rechnen, dass die Schüler in der Folgezeit bewusst Regeln brechen, weil sie so gern das Spiel spielen und die damit verbundenen lustigen Aufgaben erfüllen wollen. Die Schüler sind dann zu sehr daran interessiert, eigene und individuelle Lösungsmöglichkeiten kennenzulernen.

Es ist wichtig klarzustellen, dass es darum geht, Regeln zu befolgen.

Tipp

Mit diesem Spiel kann man sich von den Schülern wirklich gute Disziplinierungsmaßnahmen abschauen. So hatte beispielsweise ein Schüler eine gute Idee, unerlaubtes Kaugummikauen im Unterricht zu bestrafen.

Er stellte sich vor, wie das Kaugummikauen für einen Lehrer von vorne aussehen müsste: wie eine Herde Kühe

oder Schafe, die müde kauend vor einem sitzt. Somit forderte er, dass jemand, wenn er unerlaubterweise Kaugummi kaut, zwanzig Wiederkäuer malen müsse. Würden diese zum gewünschten Termin nicht abgegeben, würde sich die zu malende Herde um das Doppelte von Stunde zu Stunde vermehren.

Es ergaben sich z. B. zwei wundervolle kreative Wiedergutmachungen: Marvin M. wurde oft an die Wiederkäuer erinnert und hatte schließlich 1280 Schafe zu malen. Er lieferte letztendlich ein Bild aus der Weltallperspektive, bei dem die 1280 Schafe auf Punkte reduziert waren.

Ein anderes Mal lieferte der Schüler Marcel S. eine kreative Umsetzung von einem Bild mit 640 Schafen. Er hatte zwei Wölfe gemalt, in deren Mägen sich (bereits verdaute) 640 Schafe befanden.

2. Den Schulalltag beleben

Dass der Alltag Freude macht und man darin schöne Dinge wahrnimmt, aufgreift und anbietet, gehört zum Sinn und Zweck des Lebens. Heutzutage nimmt der Schul(all)tag eine sehr große zeitliche und noch größere erwartungsdruckbesetzte Rolle im Leben eines Schülers ein.

Im folgenden Kapitel werden Möglichkeiten angeboten, in einer einzelnen Schulstunde Abwechslung zu schaffen und den bestehenden Leistungsdruck zu reduzieren. So gibt es weitere Angebote, die Schüleraktivität insgesamt zu erhöhen und jeden Schüler mehr zu beteiligen.

Der Klassenwald

Die Yogaübung *Der Baum* bietet eine wundervolle Möglichkeit, den Kreislauf anzuregen, ein inneres Gleichgewicht zu finden und sich für einen Moment auf sich selbst und gleichzeitig aufeinander zu besinnen.

Spielanleitung
Bitte erhebt euch von den Plätzen.

Sollten Sie zu Beginn Ihres Unterrichts Ihre Schüler aufstehen lassen, wird Ihnen diese Aktion besonders leicht fallen. Dann können Sie gleich nach der Begrüßung damit beginnen.

Wir beginnen mit einer kleinen Übung: Stellt euch bitte auf ein Bein ohne euch festzuhalten. Wenn ihr einen festen Stand gefunden habt, dann setzt den anderen Fuß an die Innenseite der Wade des stehenden Beines. Wenn ihr anfangen solltet zu wackeln, dann sucht euch einen Punkt an der Wand, den ihr die ganze Zeit lang anseht. Das hilft, euren persönlichen Ruhepunkt zu finden.

Legt nun die Handflächen aneinander und streckt langsam eure Arme in die Höhe. Gern könnt ihr auch die Daumen miteinander verkreuzen, um euch mehr Halt in den Händen zu geben, denn wenn ihr mehr Halt in den Händen habt, könnt ihr im ganzen Körper mehr Spannung aufbauen.

Versucht euch nun ganz gerade und lang zu machen, die Hände über den Kopf zu halten und mindestens fünf Atemzüge lang stillzustehen.

Tipp

Da die Klasse nach der Aktion immer noch steht, bietet es sich an, z. B. spielerisch die Ergebnisse der letzten Stunden zu wiederholen. Nach Nennung eines Aspektes darf sich der entsprechende Schüler setzen. Das kann man so lange machen, bis alles wiederholt ist oder alle sitzen.

Wollen einzelne Schüler zu viel erzählen, dann machen Sie sie darauf aufmerksam, dass ggf. jeder Schüler eine Information zur Vorstunde einbringen möchte und er sich ruhig kürzer fassen darf, Ihnen aber seine gute Leistung aufgefallen ist.

Wenn einzelnen Schülern kein Redebeitrag mehr einfällt, werden sie zunächst übersprungen und können sich abschließend von Mitschülern helfen lassen, um sich nach einem Beitrag setzen zu können.

Auch für Organisatorisches lassen sich die noch stehenden Schüler nach dieser Aktion gut nutzen. Wenn z. B. geprüft werden soll, ob alle ihre Hefte abgegeben haben, macht es Sinn, den Heftstapel zu nehmen, die vorliegenden Schülernamen aufzurufen und die genannten Schüler sich setzen zu lassen. Diejenigen, die stehen bleiben, sind auf diese Weise daran erinnert, für das gewünschte fehlende Material zum Folgetag zu sorgen.

Katz und Maus

Bei diesem Spiel teilen Sie die Klasse spielerisch in zwei Gruppen ein und legen die Spielpartner fest, um dann Wissen abfragen zu können.

Benötigtes Material

Für jeden Schüler eine Spielkarte (höchstens 36), die zuvor gebastelt worden ist: Jeweils 18 Spielkarten sind mit dem Bild einer Katze bzw. einer Maus und den Zahlen 1 bis 18 versehen.

Spielanleitung

Verteilen Sie die Karten in der Klasse. Sie legen damit sowohl eine Gruppeneinteilung *Gruppe Katze* und *Gruppe Maus* als auch das einzelne Spielerteam *Katze 1–18* und *Maus 1–18* fest.

Stellen Sie nun Ihre Fragen, z. B. zur Wiederholung der letzten Unterrichtsstunde oder zur Einführung eines neuen Themas. Ein Schüler Ihrer Wahl darf die ersten Spieler festlegen, indem er z. B. »Katz und Maus 10« ruft. Nun stehen diese beiden Spieler auf und beantworten so schnell wie möglich Ihre Frage. Der Gewinner der Runde gibt Ihnen seine Spielkarte zurück, welche Sie am Pult auf einem Gewinnerstapel Katze und einem Gewinnerstapel Maus sammeln. Der Verlierer benennt das nächste Spielteam und überreicht Ihnen seine Karte für den gemeinsamen Verliererstapel. Am Ende gewinnt das *Team Maus* oder das *Team Katze,* je nachdem in welcher Gruppe am meisten Karten gesammelt wurden.

Tipp

Möchten Sie darauf verzichten, Spielkarten anzufertigen, teilen Sie die Klasse in zwei Gruppen ein und spielen *Vokabelschlange:* Hierbei platzieren sich die Gruppen in einer Reihe rechts und links von Ihnen und zwei Schüler stehen als Spielerpaar vor Ihnen. Sie fragen nun beispielsweise Vokabeln ab und der Schüler mit der richtigen Antwort stellt sich wieder bei seiner Gruppe an. Der Verlierer setzt sich auf

seinen Platz. Eine Gruppe hat gewonnen, wenn die Gegner keine Spieler mehr haben.

Weiterer Tipp

Sollen im Alltag Texte vorgelesen werden, hat jeder Lehrer seine Vorliebe, wie er die Schüler dazu aufruft: Man folgt z. B. der Sitzreihenfolge oder man gibt das Drannehmen an die Schüler ab und lässt sie die Reihenfolge selbst aushandeln.

Manche Klassen rufen sich immer auf, indem sie »Junge, Mädchen, Junge, Mädchen« abwechselnd aufrufen.

Eine eher ungewohnte Aktion wäre es hier, sich nach dem Alphabet aufzurufen oder nach Kriterien wie »Trägt Turnschuhe«, »Trägt Blue Jeans«, »hat einen Rucksack« usw.

Eckenraten

Möchten Sie Ihren Schülern etwas Bewegung bei der Wissenskontrolle anbieten, dann bietet sich das Spiel *Eckenraten* an.

Spielanleitung

Ich benötige vier freiwillige Spieler und zwei Schiedsrichter. Die Spieler stellen sich jeweils in eine Ecke des Klassenzimmers und melden sich, sobald sie die Antwort wissen. Die Schiedsrichter entscheiden, welcher Spieler sich ggf. schneller gemeldet hat. Der Spieler mit der richtigen Antwort darf im Uhrzeigersinn eine Ecke weitergehen und gewinnt, wenn er als erster wieder in seiner Ecke steht.

Tipp

Möchten Sie eine höhere Dynamik in der Klasse erzielen, dann können Sie das Spiel auch als *Mensch-ärgere-dich-nicht*-Version spielen. Hierbei rückt der Gewinner um eine Ecke auf und wirft den dort stehenden Spieler raus. Bei dieser Version ist das Spiel beendet, wenn es nur noch einen Schüler in der Spielrunde gibt.

Um den *Klassenstar des Tages* auszumachen, bietet es sich an, dieses Eckenraten vier Mal zu spielen und mit einer letzten Spielrunde, der Toprunde der Gewinner, zu enden.

Schnick, Schnack, Schnuck

Gilt es Entscheidungen zu treffen oder einen Schüler aus einer Gruppe auszuwählen, ist *Schnick, Schnack, Schnuck* (auch unter *Schere, Stein, Papier* bekannt) eine willkommene Aktion für eine kleinere Schülergruppe bis zu fünf Schülern.

Manchmal wollen Schülergruppen keinen Moderator festlegen, manchmal können sich wiederholt die drei gleichen Schüler zu einem Thema äußern oder einzelne möchten / möchten nicht einen Dienst wie z. B. Fenster schließen übernehmen. Anstatt das einfach als Lehrer zu entscheiden, geben Sie diese Aufgabe spielerisch an die Schüler ab.

Spielanleitung

Da wir uns in der Sache nicht entscheiden können, gibt es eine schnelle Schnick, Schnack, Schnuck-Runde zwischen den zur Verfügung stehenden Schülern. Viele von euch kennen das sicherlich: Die Hand als Faust ist der Stein, die flache Hand ist das Papier und die Hand mit gespreiztem Zeige- und Mittelfinger ist die Schere. Die Spielregel lautet: Stein schleift Schere, Schere schneidet Papier und Papier umwickelt den Stein. Nach drei Spielrunden sollte der Gewinner feststehen.

Wiederholen Sie vor Spielbeginn, was z. B. der Gewinner anschließend darf oder was z. B. der Verlierer erledigen muss.

Tipp

Manche spielen Schnick, Schnack, Schnuck auch mit Brunnen. Hierbei deutet die Faust eine Öffnung an. Da sowohl Stein als auch Schere als Verlierer in den Brunnen fallen können und nur eines, nämlich das Papier als Gewinner, den

Brunnen abdecken kann, ist diese Spielerweiterung nicht so beliebt.

Wer wird Millionär?

Entgegen der bekannten TV-Sendung *Wer wird Millionär?* macht es aus Zeitgründen Sinn, das Spiel im Unterricht nur mit einer lustig leichten, einer mittelschweren und einer schweren Frage zu spielen. Für die Klasse ist es in der Regel nachvollziehbar, dass von den üblichen drei bis vier Jokern in der Schule nur zwei Sinn machen: Der 50:50-Joker (die Hälfte der Antworten fällt weg) und der Publikumsjoker (hier macht der Moderator eine Abstimmung innerhalb der Klasse).

Spielerisch können Sie umfangreichere Inhalte wiederholen.

Spielanleitung

Damit wir gleich *Wer wird Millionär?* spielen können, erstellt bitte jeder Schüler allein eine lustig leichte 200 Eurofrage, eine mittelschwere 8.000 Euro- und eine schwere 125.000 Eurofrage und schreibt die richtige Lösung auf die Rückseite des Blattes.

Dann werden der Moderator und der Kandidat bestimmt. Diese sitzen sich vor der Tafel gegenüber. Etwas Studioatmosphäre kann erzeugt werden, indem der Tageslichtprojektor auf die beiden Spieler ausgerichtet wird und jemand eine Gewinner- und eine Verlierermelodie von seinem Handy abspielt.

Tipp

Besonders viel Spaß macht den Schülern, wenn sie *Wer wird Millionär?* im PC-Raum als PowerPoint-Präsentation möglichst originalgetreu umsetzen dürfen. Viele Klassen sind auch so gut, dass sie die original Gewinner- und Verlierer-

melodien einspielen können. Die Beamerprojektion versetzt die Klasse noch mehr in Studioatmosphäre und der Spaß an der Sache steigt zusätzlich.

Schreibkonferenz

Bei der Schreibkonferenz dürfen die Mitschüler die Kontrolle über die Qualität von z. B. geschriebenen Hausaufgaben oder Aufsätzen übernehmen. Je nach Altersstufe ist hier das, was kontrolliert werden soll, anzupassen. Während man bei jüngeren Schülern nur konkret abfragen kann, ob die Hauptpersonen des Textes genannt wurden oder eine Einleitung für eine Inhaltsangabe vollständig ist, kann man bei älteren Schülern umfassender tagen. Bedingung bei der Schreibkonferenz ist in jedem Fall, dass die Tipps ernsthaft und gut durchdacht aufgeschrieben werden.

Spielanleitung
Jeder Schüler legt ein Protokoll für eine Schreibkonferenz an. So z. B.:

Schreibkonferenz am: _____

Schreibkonferenz für: _____

Protokollant: _____

Weitere Mitglieder der Schreibkonferenz: _____

_____

Rückmeldung: _____

Wir erkennen den Charakter deiner Hauptfigur daran, dass …

_____

_____

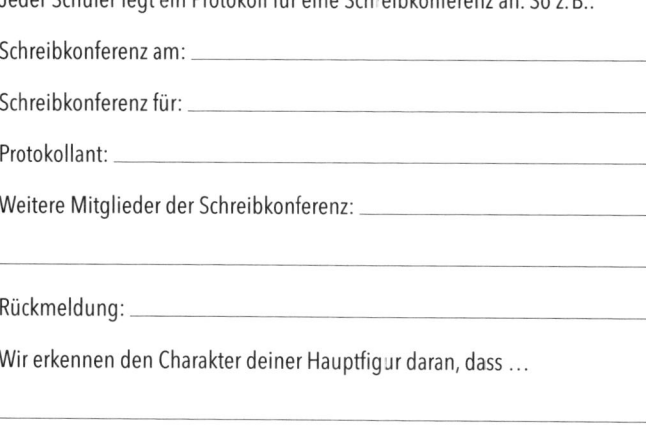

An deinem Text gefällt uns, dass … _____

_____

_____

Verändern würden wir: _____

_____

_____

Eine Schülergruppe von z. B. vier Schülern hält demzufolge vier Mal eine solche Schreibkonferenz ab. Für den Ablauf:

- Der Protokollant notiert die geforderten allgemeinen Informationen wie Datum und sämtliche Namen.
- Ein Schüler der Gruppe liest seinen Text den restlichen Gruppenmitgliedern vor.
- Der Protokollant notiert die ernst gemeinten und gut durchdachten Tipps der Mitschüler.
- Die anderen Gruppenmitglieder der Schreibkonferenz kontrollieren anschließend die Rechtschreib- und Zeichensetzungsleistung des Verfassers.
- Der Verfasser erhält sein persönliches Schreibkonferenzprotokoll.
- Dann ist ein anderer Verfasser an der Reihe, seinen Text zu präsentieren und ein neuer Protokollant wird festgelegt. Abschließend kann jede Gruppe der ganzen Klasse eine gelungene Hausaufgabe präsentieren.

Tipp

Da man aus Fehlern lernen kann, macht es manchmal Sinn, Schüler dazu aufzufordern, von den vier dargebotenen Texten den schlechtesten vorlesen zu lassen. Es geht dabei bestimmt nicht ums Vorführen der schlechten Leistung eines Schülers; es muss ja kein Name genannt werden. Die Schüler sollen voneinander lernen und dazu gehört es eben auch, dass man mal von den Fehlern der anderen lernt.

Die Mitschüler der Klasse können sich bei letzterer Vorgehensweise mündlich meist besonders gut einbringen.

Übrigens: Wenn jemand seine Hausaufgaben nicht gemacht hat, ist es immer ärgerlich. Bei der Aktion *Schreibkonferenz* würde dann dieses Team schneller fertig sein. Um das Vergessen der Hausaufgabe des einen nicht durch ein »Wir sind schon fertig und unterhalten uns leise miteinander« zu belohnen, ist folgendes Vorgehen ratsam: Es können sich zwar drei Schüler miteinander über die Texte unterhalten, aber der Schüler, der die Hausaufgabe nicht hatte, schreibt nicht nur einen der vorliegenden Texte ab, sondern überarbeitet ihn auch noch nach den Wünschen des Protokolls. Erst wenn das erledigt ist, ist die Gruppe offiziell fertig.

Weiterer Tipp

Je nach Textsorte bietet es sich an, die Vorlesesituation zu verändern, indem die Sprecherrollen in der Gruppe verteilt werden.

Eine sehr willkommene Abwechslung kann es auch sein, wenn ein vorzulesender Text mittels der Sprachaufzeichnungsfunktion eines Handys aufgezeichnet wird. Auch wenn es oft Handyverbote an Schulen gibt, so lassen sich für solch nachvollziehbare Aktionen meist Sonderregelungen finden. Netter Nebeneffekt bei dieser Vorgehensweise: Da die Lautstärke der Sprachwiedergabe der Geräte gering ist, kann man bei der Wiedergabe des gesprochenen Textes fast eine Stecknadel auf dem Boden fallen hören, so aufmerksam sind die Mitschüler.

Wissenssprudel

Manchmal ist es wichtig, sich über relevante Inhalte, z. B. vor Leistungskontrollen, auszutauschen. Man möchte beispielsweise sein eigenes Wissen laut formulieren, um zu überprü-

fen, ob man alles richtig verstanden hat, und ggf. noch letzte Fragen klären. Dann bietet sich die folgende Aktion an.

Spielanleitung

Nun habt ihr sechs Minuten lang Zeit, alles Wichtige zu dem Thema rauszulassen. Lasst alles, was euch einfällt, sprudeln.

Dazu steht die Hälfte der Klasse auf, bildet einen Kreis und dreht sich um, sodass sich eure Rücken fast berühren und ihr nach außen blickt. Die andere Hälfte der Klasse sucht sich ein Gegenüber.

Dann darf der Schüler, der im inneren Kreis steht - und nur dieser -, zwei Minuten lang sprechen. Sein Gegenüber hört ihm diese zwei Minuten lang zu. Ist die Zeit um, rotiert der Außenkreis der Schüler im Uhrzeigersinn um zwei Schüler weiter.

Dann darf der Schüler, der im Außenkreis steht - und wiederum nur dieser -, zwei Minuten lang sprechen und sein Gegenüber hört ihm für diese Zeit gut zu.

In der letzten Runde rotiert der außenstehende Schüler wiederum im Uhrzeigersinn um zwei Personen weiter. Diese beiden neuen Schüler dürfen sich abschließend zwei Minuten lang miteinander austauschen.

Tipp

Sind am Ende des Spiels noch Fragen offen, können sie gut im Klassenverband geklärt werden. Doch meist hat sich dies nach der Aktion erledigt.

Gab es Ferien oder einen besonderen Vorfall in der Klasse, kann man das Spiel auch einmal aus gegebenem Anlass spielen.

Körperbarometer

Damit es leichter fällt, seine Meinung auszudrücken, gibt es die Aktion *Körperbarometer*. Ob Sie eine Klassenfahrt reflektieren oder z. B. eine Lektüre besprechen möchten, durch dieses Körperbarometer haben Sie ein schnelles, aufgelockertes Meinungsbild.

Spielanleitung – Körperbarometer mit dem ganzen Körper

Bildet einen Stuhlkreis. Wir stellen gleich einzelne Behauptungen auf und ihr drückt eure Meinung aus, indem ihr entweder sitzen bleibt, wenn ihr überhaupt nicht zustimmen könnt, oder indem ihr aufsteht, wenn ihr zustimmen möchtet. Die Zwischenstufen könnt ihr mithilfe eurer Körperhaltung darstellen.

Es empfiehlt sich, die möglichen Zwischenstufen den Schülern kurz einmal vorzumachen.

Zum Einstimmen können Sie und die Schüler z. B. Dinge wie »Ich trinke gern Apfelschorle«, »Ich esse gern Pizza«, »Ich habe ein eigenes Handy« usw. üben. Anschließend können Sie sehr leicht auf fachliche Inhalte überleiten.

Spielanleitung – Körperbarometer mit der Hand

Hierbei können Sie die Sitzordnung in der Klasse beibehalten.

Deine Hand gilt als Barometer. Die Finger bedeuten Folgendes (machen Sie es gleichzeitig vor):
- erhobener Daumen = das hat mir gefallen
- erhobener Zeigefinger = darauf möchte ich hinweisen
- gestreckter Mittelfinger = das war schlecht
- erhobener Ringfinger = daran liegt mir viel
- erhobener kleiner Finger = an diese Sache möchte ich noch erinnern

Für viele Bewertungen reicht es oft, nur den Daumen nach unten (ist schlecht), waagerecht (ist verbesserungsfähig) und nach oben (ist gut) zu richten und somit kommentieren zu lassen.

Tipp

Zu empfehlen ist, das Barometer mit etwas Positivem abzuschließen. Das soll den Schülern zeigen, das man allem doch auch etwas Gutes abgewinnen kann und man deshalb immer nach vorn schauen sollte.

3. Unterrichtsergebnisse greifbar machen

Besondere Aktionen geben Anregungen, Unterrichtsinhalte spielerisch zu verarbeiten und Durchgenommenes nachhaltig abzuspeichern.

Flugobjekt *Ei*

Bei dieser Aktion werden Kooperation im Team und Kreativität mit wenig Material und Hilfsmitteln geübt. Es entsteht ein Produkt, das vom Unterrichtsstoff eher losgelöst ist.

Benötigtes Material
Für dieses Spiel werden pro Gruppe (mit ca. drei bis fünf Schülern) ein rohes Ei, 25 Strohhalme und eine Rolle Tesafilm benötigt.

Spielanleitung
In Gruppen werdet ihr gleich ein rohes Ei so verpacken, dass es den Fall aus 2,5 m Höhe heil übersteht. Für diese Aktion stehen euch ausschließlich ein rohes Ei, 25 Strohhalme und eine Rolle Tesafilm zur Verfügung.

Als Zeitangabe können Sie 20 bis 30 Minuten Arbeitszeit anbieten.

Jede Gruppe gibt dem fertiggestellten Eierrettungsobjekt einen Namen und wir stellen gemeinsam die Tauglichkeit eures Flugobjektes fest.

Tipp

Wenn die ersten Eier zerbrechen und das Interesse der Gruppe groß ist, kann Gelegenheit zu einer zweiten Spielphase und damit für den Bau einer überarbeiteten Konstruktion gegeben werden. Möglicherweise werden Sie feststellen, dass Eier, die von den Strohhalmen gepuffert werden, die Aktion eher überstehen als wenn sie einfach mit dem Stroh und dem Tesafilm wie ein Geschenk eingepackt werden.

Der König von Sambala

Kreative Aktionen wie das Erstellen von Schrottkunst zeigen eigene, selbst gesteckte Grenzen auf. Das Nutzen von vorhandenem Equipment macht nicht nur den Unterricht, sondern auch die Schüler wieder lockerer.

Der König von Sambala fördert innerhalb eines Teams eine ganz besondere Auseinandersetzung: Seine Projekte sind Geheimaktionen, d. h. es darf zu keinem Zeitpunkt gesprochen werden und die Schüler erfinden dabei ihre Form der Gebärdensprache oder stille Kommunikationsformen.

Ansonsten wird Schrott verwendet, den die Schüler während des Spieles als Schatz wertzuschätzen lernen und aus dem spannende Produkte entstehen.

Diese Aktion kann losgelöst von Unterrichtsinhalten sein, wenn sich der König von Sambala einfach nur eine Burg mit einem Wassergraben wünscht, kann aber auch konkret z. B. den Geschichtsunterricht vertiefen, wenn man die Bauweise von Burgen und den Sinn von Wassergräben nachvollziehen möchte.

Benötigtes Material

Bei diesem Spiel benötigen Sie einen Schokoriegel, ein Stück Kreide, einen alten (Klassenfahrten-)Katalog und eine Art Behälter (Kopierpapierdeckel aus dem Papierlager oder Plas-

tikeimer aus der Schulkantine). Mehr ist nicht erlaubt, auch keine Hilfsmittel wie Schere oder Lineal.

Spielanleitung

Der König von Sambala liebt Geheimaktionen. Das heißt für euch, dass zu keinem Zeitpunkt geredet werden darf. Ebenso liebt er die Schönheit und wählt unter den fertigen Produkten immer das für ihn schönste aus.

Eine mögliche Spielaufgabe könnte lauten:
Er wünscht sich eine wundervolle Burg, die einen Wassergraben hat. Die Burg muss an einer Stelle mindestens 30 cm lang, breit oder hoch sein.

Hier können Sie z. B. vor Spielbeginn erlauben, dass die Schüler mit einem Lineal an der eigenen Hand oder Arm Maß nehmen. Auch können Sie so wunderbar das englische Maß *foot,* das ungefähr die Länge von 30 cm hat, erklären oder wiederholen.
Der König von Sambala ist auch ein Technikfan. Ihr könnt ihn begeistern, wenn ihr es schafft, dass sich das Objekt irgendwie bewegen lässt.

Notieren Sie an der Tafel die drei Dinge, die dem König von Sambala wichtig sind (Geheimaktionen, wundervolle Produkte, technische Spielereien). So können Sie während der Arbeitsphase durch einen Fingerzeig immer wieder bei den Gruppen auf Fehlendes bzw. nicht Bedachtes hinweisen.

Ist der Auftrag genannt, werden einzelne Schüler mit Ihnen verhandeln wollen, ob sie doch noch Schere oder Kleber verwenden dürfen. Gern können Sie sie dazu anregen, dass auch ein Schokoriegel klebt, dass man knoten, falten, reißen usw. kann. Bei diesen Fragen decken Sie spielerisch die selbst gesteckten Grenzen der Schüler in ihrem Handeln und Denken auf.

Als Zeitrahmen für die Aktion sollten 20 Minuten eingehalten werden, da die Konzentration bei nonverbaler Kommunikation stark in Anspruch genommen ist. Sollten Gruppen anfangen zu kichern, dann unterbinden Sie das

bitte deutlich, indem Sie den Finger auf den Mund legen, und erklären ihnen nonverbal, dass man sich auch lautlos vor Lachen den Bauch halten kann.

Weisen Sie Gruppen, die fertig sind, darauf hin, dass der König von Sambala bekannterweise großen Wert auf Ästhetik legt. Das können die Schüler entweder am Kunstobjekt weiter berücksichtigen oder schon ihren Arbeitsplatz aufräumen.

Auch die gruppenweise Präsentation der Produkte findet nonverbal statt. Ganz deutlich sollen hierbei allerdings die Schüler das eingehaltene Maß – in diesem Fall 30 cm – verdeutlichen. Auch die versuchte Technik (vielleicht ist ja eine Zugbrücke gebaut worden oder es lässt sich irgendwo ein Fenster öffnen) soll deutlich dargestellt werden.

Durch erhobenen, eingedrehten oder gesenkten Daumen findet von allen eine nonverbale Bewertung der Burg (vgl. *Körperbarometer mit der Hand*) statt.

Tipp
Bei diesem Spiel gibt es meist nur Gewinner, denn jedes Team hat sich bestmöglich etwas einfallen lassen. Als Gewinn sind z. B. Süßigkeiten o.Ä. empfehlenswert.

Beispiele:
– In einer Vertretungsstunde ließ ich für den *König von Sambala* Maschinen entwickeln, die das Lernen erleichtern. Diese Produkte durften maximal 10 cm groß sein, damit man sie auch im Kopf unterbringen konnte. Nachhaltig blieb mir in Erinnerung, dass eine Gruppe ein kleines Puppenhimmelbett baute. Bei diesem fiel, wenn man den Himmel schüttelte, der Lernstoff auf den Schlafenden.

– Nach der Lektüre von *Harry Potter* ließ ich im Fachunterricht Harry Potters Zauberstab entwickeln. Dieser sollte übrigens ein Mindestmaß von 60 cm aufweisen. Bei dieser Aufgabenstellung entstand für mich ein besonders nettes Produkt: Ein Zauberstab, der – wenn man ihn schüttelte – Süßigkeiten (den zerteilten Schokoriegel) hervorzaubern

konnte. Diese Aktion erweckte bei einer Klasse so sehr den Spielgeist der Schüler, dass wir im Anschluss an diese Aktion als Hausaufgabe Brettspiele zum Buch entwickelten. Die Folgestunde war eine wundervolle Würfelstunde, bei der einzelne Schüler an *Mensch ärgere dich nicht* angelehnte Würfelspiele produzierten. Besonders Engagierte bastelten sogar passende Harry-Potter-Figuren und ließen diese verschiedene Aktionsfelder durchlaufen.

Handpuppenklasse

Da heutzutage das Unterrichtsfach *Textiles Gestalten* sehr selten an weiterführenden Schulen angeboten wird, ist es wenig verwunderlich, dass Schüler sich schwer mit Nadel und Faden bzw. dem Annähen von Knöpfen tun.

Spielerisch können Sie dieses Manko ausgleichen, indem Sie Handpuppen herstellen lassen.

Auf Lektüren bezogen können Sie Hauptpersonen und Darsteller produzieren oder sich einfach selbst darstellen lassen.

Benötigtes Material
Alles, was benötigt wird, wird in einer Vorstunde von Ihnen angekündigt:
Bringe einen ausrangierten Kniestrumpf sowie Nadel und Faden mit. Suche dir all die Materialien, die dich darstellen sollen, zu Hause zusammen. Knöpfe eignen sich als Augen, Wolle als Haare usw.

Spielanleitung
Stelle eine Handpuppe her, die dir entweder ähnlich sieht oder die zeigt, wie du gern aussehen würdest.

Beim Herstellen der Handpuppe ist viel Konzentration notwendig. Manche Schüler sind sogar das erste Mal in ihrem

Leben dazu aufgefordert, einen Faden durch die Öse einer Nadel zu fädeln. Möglichen aufkommenden Stress seitens der Schüler bauen Sie ab, wenn Sie es zulassen, dass ein Hörspiel oder bei älteren Jahrgängen ein Hörbuch während der Arbeitsphase abgespielt wird.

Tipp

Die Handpuppe an sich ist schon ein schönes Produkt. Möchten Sie die Handpuppen in einem größeren Rahmen ausstellen, dann bietet sich für jüngere Jahrgänge folgende Präsentationsmöglichkeit an: Hängen Sie ein Laken auf und bereiten Sie eine Art Puppentheaterbühne mit jeweils einem Loch pro Schüler vor, durch das er seine Handpuppe stecken kann. An einem Tag der offenen Tür kann die Klasse beispielsweise das aktuelle Lieblingslied der Charts abspielen und die Mundbewegung mit den Handpuppen mitspielen.

Die Schuhkartonbühne

Als Kind besaß ich eine Papiertheaterbühne mit verschiedenen Bühnenbildern und Papierdarstellern, die auf Pappstreifen auf der Bühne hin und her geschoben werden konnten. Die Erinnerung daran brachte mich auf die Idee, Schüler eine Ballade nicht nur selbst wie ein Bänkelsänger mit Plakaten und passenden Requisiten vortragen zu lassen, sondern passend zum Text auch ein Bühnenbild mit beweglichen Darstellern zu bauen.

Benötigtes Material

Schuhkartons, Tapeten- und Stoffreste, Dekorationsmaterial und z. B. Playmobilfiguren, Stofftiere, Legosteine usw.

Spielanleitung

Stelle eine Bühne aus einem Schuhkarton her und gib deinem auswendig gelernten Text ein Bühnenbild. Platziere mögliche vorkommende Personen auf Pappstreifen, damit sie sich auf der Bühne bewegen können.

Tipp

Auch bei dieser Aktion lohnt es sich, die fertigen Werke auszustellen – vielleicht im Anschluss an Projekttage. Besonders spannend wird es, wenn sogar wechselnde Bühnenbilder angeboten werden und der Balladentext dazu aufgesagt wird.

Beispiele:

- Eine Schülerin hatte die Ballade *John Maynard* von Theodor Fontane aufgesagt und stellte bei ihrem Bühnenbild sowohl Szenen auf hoher See als auch das Begräbnis des John Maynard an Land dar.

- *Nutzung der Schuhkartonbühne für den Religionsunterricht:* In einer Religionsklasse ließ ich kurz vor Weihnachten moderne Orte, an denen Maria ihr Kind heutzutage gebären würde, darstellen. Es war schon eine kreative Überraschung, dass ein Schüler Soldaten als beschützende Engel wählte oder die Geburt in einem Lager eines Supermarktes stattfand.

- *Anwendung der Schuhkartonbühne im Kunstunterricht:* Eine Kunstgruppe, die im Fach Deutsch griechische Sagen durchgenommen hatte, erhielt von mir die Aufgabe, eine Schuhkartonbühne herzustellen, die den Inhalt einer griechischen Sage wiedergibt. Hierbei wählten wir für die Schüler noch unbekannte griechische Sagen, die zugleich Sternbilder erklärten. Das Sternbild *Jungfrau* ist nur zu bestimmten Zeiten des Jahres am Sternenhimmel der Nordhalbkugel sichtbar. Lassen Sie mich die Sage kurz wiedergeben, um die vorherige Information mit dem dann entstandenen Schuhkarton-Kunstwerk in Verbindung zu bringen: Der Sage nach entführt Pluto die Tochter der Fruchtbarkeitsgöttin Ceres in die Unterwelt, wo sie als

seine Geliebte und Gemahlin leben muss. Ceres kann sich aber nicht mit dem Verlust ihrer Tochter abfinden und fordert von Pluto hartnäckig deren Herausgabe. Pluto will jedoch nicht ohne seine Gemahlin leben. Schließlich entscheidet Jupiter den Streit und legt fest, dass die Entführte ein halbes Jahr bei ihrem Gatten Pluto und ein halbes Jahr lang bei der Mutter leben dürfe.

Mittels weihnachtlicher Dekorationslämpchen steckte die Schülergruppe das Sternenbild Jungfrau durch die Rückwand des Kartons und baute eine Bühnenszene auf, wie Playmobilfiguren an einem Lagerfeuer sitzen und das Sternenbild betrachten. Befindet sich die Tochter der Sage nach in der Unterwelt bei ihrem Gatten Pluto, wurde die Beleuchtung an der Rückwand abgestellt.

Eine Mach-was-draus-Lektüre

Eine Alternative zu einem Lesetagebuch zu finden, war der dringende Wunsch einer Realschulklasse. Diese 8. Klasse hatte das Buch *Klassenspiel* von Celia Rees gelesen und war es leid – alle Jahre wieder – ein Lesetagebuch als übliche Leistungsermittlung herzustellen.

Spielanleitung
Stellt ein Kunstwerk her, das – ganz gleich wie – den Inhalt der Lektüre zusammenfasst. Als schriftliche Leistung sollen die Überlegungen, der Entstehungsprozess, der Bezug zum Inhalt des Buches und das Ergebnis beschrieben werden.

Folgende Resultate entstanden:
– Ein Adventskalender, bei dem jeder Tag von einer Inhaltsangabe geziert war (das Buch hat 24 Kapitel).

– Eine Ohrringkollektion, bei der jede Form und Farbe eines Ohrringpaares Inhalte eines Kapitels aufgriffen. Ohrringe mit Herzchen sollten beispielsweise auf die Verliebtheit der Hauptperson hinweisen.

– Eine Tasse Tee, in der 24 verschiedene Teebeutel gezogen hatten, sodass man, wenn man den Tee trinkt, den Inhalt des Buches kennt. Hierbei wurde jede einzelne Teesorte mit Bedacht gewählt: War die Hauptdarstellerin verliebt, gab es einen Teebeutel mit dem Namen *Liebeszauber,* gab es Streit, sollte Salbei mögliche Stimmbandreizungen lindern usw. Der Tee schmeckte fürchterlich.

– Das überwältigendste Ergebnis war ein PC-Spiel. Hier hatte ein Schüler sich ein Spielprogramm gekauft und einzelne Szenen mit Originaltexten und Quatschantworten programmiert. Kannte man die Inhalte gut, konnte man Buchszenen, die in der Schule, auf dem Heimweg oder im Elternhaus der Hauptperson stattfanden, durchspielen.

4. Feste feiern, wie sie fallen

Anlässe zum Feiern von Festen lassen sich immer finden: Im Klassenzimmer oder auch auf Klassenfahrten.

Bad Taste Party

Sei es anlässlich bestimmter Feiertage wie Erntedank oder Halloween oder einfach als Belohnung für eine erfolgreiche Arbeitsphase, die Bad Taste Party ist ohne finanziellen Aufwand umzusetzen. Zugleich werden die Schüler für Marketingstrategien (etwas sieht groß und bunt aus, also ist es gut; und wenn es auch noch schwer ist, muss es besonders gut sein) sensibilisiert.

Benötigtes Material
Drei Spielwürfel und ein eingepacktes Geschenk von jedem Schüler, Stoppuhr (z.B. Handy)

Spielanleitung

1. Das Geschenk vorbereiten:
Bei der Bad Taste Party könnt ihr einen Gegenstand loswerden, den ihr nicht mehr gebrauchen könnt, der aber zu schade zum Wegwerfen wäre. Packt z.B. ein Hörspiel, eine für euch hässliche Tasse cder Dekorationsfiguren ein. Die Verpackung ist hier sehr wichtig: Je größer, schwerer und schöner ihr den Gegenstand verpackt, umso reizvoller wird er für eure Mitschüler sein. Ihr

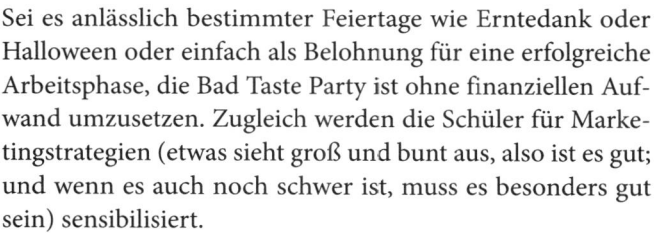

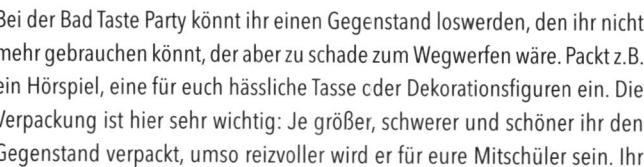

könnt z.B. eure Päckchen mit Steinen beschweren oder kleine Gegenstände mehrfach einpacken.

Alles, was ihr loswerden möchtet, sollte altersgerecht sein. Bietet also bitte keine Babyrassel an. Solltet ihr keine Gegenstände haben, die ihr loswerden möchtet, oder seid ihr der Auffassung, dass man erhaltene Gegenstände behalten sollte, so dürft ihr, wenn ihr etwas kaufen müsst, maximal einen Euro dafür ausgeben.

2. Tag der Bad Taste Party:

Bildet einen Stuhlkreis und legt eure Geschenke in die Mitte. Hier ist es wichtig, dass wir nicht mitbekommen, wer welches Geschenk gespendet hat – geschweige denn, was sich in dem Geschenk befindet.

3. Erste Spielrunde:

Wir setzen uns vor den Stuhl auf den Boden und es wird im Uhrzeigersinn mit einem Würfel gewürfelt. Wenn man eine Sechs hat, nimmt man ein Geschenk, setzt sich auf seinen Stuhl und wartet, bis alle Geschenke verteilt sind. Dieses Geschenk gehört dem Schüler vorläufig.

Hat jemand sein Geschenk vergessen, kann er natürlich nicht mitspielen, da ansonsten ein Geschenk für jemand anderen fehlen würde. Hier macht es Sinn, dass dieser Schüler einen Sonderauftrag bekommt: Er kann z.B. einzelne Schüler beobachten und protokollieren, wie sie spielen und ob sie Spielverderber sind.

4. Zweite Spielrunde:

Nacheinander werden die Geschenke im Stuhlkreis ausgepackt. Jeder Schüler soll sehen, woraus jedes einzelne Geschenk besteht. Gibt es besonders schöne Verpackungen oder sogar Süßigkeiten als Dekoration, dann muss alles zusammen als ein Geschenk präsentiert werden und bleibt als ein Geschenk zusammen.

5. Dritte Spielrunde:

In den nächsten drei Minuten werden drei Würfel ausgegeben. Die Klasse begibt sich wieder auf den Boden. Jeder

Schüler darf dreimal würfeln, um eine Sechs zu erzielen. Hat er diese, ruft er »Sechs« und fordert einen anderen Schüler auf, dessen Geschenk mit ihm zu tauschen. Es muss immer bei einer Sechs getauscht werden – auch, wenn man eigentlich mit seinem Geschenk zufrieden wäre. Hat man keine Sechs gewürfelt, wird der Würfel im Uhrzeigersinn weitergegeben.

In dieser Spielrunde wird es etwas turbulent. Manchmal macht es Sinn, die Spielzeit auf fünf Minuten zu erweitern, wenn zu wenig Tauschgeschäfte entstanden sind.

Am Ende der Spielrunde wird laut »Stopp« gerufen und die Tauschaktionen frieren ein. Die Tauschgeschäfte müssen abgeschlossen sein, sodass jedem Schüler ein Geschenk vorliegt.

6. Mögliche Ramschrunde:
Hierbei dürfen sich diejenigen Schüler bereits auf ihren Stuhl setzen, die mit ihrem Geschenk zufrieden sind. Alle anderen versammeln sich auf dem Boden und dürfen noch einmal drei Minuten lang um ein besseres Geschenk würfeln.

7. Mögliche Trostrunde:
Hierbei können Sie dazu anregen, dass man auch einzelne Teile eines Geschenks mit jemandem tauschen kann.

Der Nikolaus grüßt

An Nikolaus findet man Süßigkeiten und kleine Geschenkgrüße in geputzten Schuhen vor. Der Nikolaus hinterlässt auch gern eine Botschaft. Er lobt das Kind für sein Verhalten im vergangenen Jahr und kann Tipps geben, was man im folgenden Jahr besser machen kann.

Benötigtes Material
Weihnachtsplätzchen

Spielanleitung

Wir setzen uns alle in einen Stuhlkreis und schreiben auf ein Blatt Papier, oben in die Ecke, unseren Vor- und Nachnamen. Dann falten wir das Blatt einmal zusammen.

Sammeln Sie die Blätter zunächst ein. Dann verteilen Sie diese wieder an die Schüler mit der Bitte, dass sie verschweigen sollen, für wen sie aus der Klasse den Nikolaus spielen werden. Sollte jemand sich selbst gezogen haben, tauschen Sie das Blatt einfach aus. Besonders spannend wird es, wenn auch Sie mitspielen, d.h. sich vom Nikolaus loben lassen und Tipps empfangen.

Nun könnt ihr alle Nikolaus spielen. Schreibt eine passende Anrede an den gezogenen Mitschüler, lobt ihn und gebt ihm Tipps für das kommende Jahr. Besonders schön ist es, wenn ihr versucht, so zu schreiben, wie der Nikolaus wohl spricht. So kann man z.B. notieren »Ho ho ho, hier ist der Nikolaus, lieber XY« oder Formulierungen wie »artig«, »brav« oder »gutes Kind« verwenden.

Oft kommt der Einwand einiger Schüler, dass sie die Mitschüler nicht gut genug kennen. Erklären Sie dann einfach, dass auch dem Nikolaus immer etwas auffällt und er immer etwas feststellen kann.

Sind alle Briefe geschrieben, werden sie in die Mitte des Stuhlkreises gelegt und das eigentliche Spiel beginnt: Nehmen Sie einen Brief und lesen ihn laut vor. Derjenige Schüler, der Post bekommen hat, nimmt sich anschließend ein Weihnachtsplätzchen und einen neuen Brief und liest diesen nun vor.

Tipp

Regen Sie die Schüler dazu an, auch Nikolausbriefe an Eltern, Verwandte oder Freunde zu schreiben und heimlich zu übermitteln. Man kann die Post in Jackentaschen stecken oder unter das Kissen legen. Jeder darf liebevoll loben und sich etwas von anderen wünschen.

Sollte ein Mitschüler fehlen, kann es eine passende Hausaufgabe sein, diesem einen Nikolausbrief zu schreiben.

Topmodel

Topmodel lässt sich besonders gut an Fasching spielen. Hier ist die Bereitschaft, sich zu verkleiden, meist am größten. Auch auf Klassenfahrten ist dieses Spiel ein wundervoller Programmpunkt für ein Abendprogramm. Es kann einzeln oder in kleinen Gruppen gespielt werden.

Benötigtes Material
Zu diesem Verkleidungsspiel benötigt man einen Stapel alte Zeitungen, Scheren und Tesafilm. Besonders leicht lässt sich diese Aktion umsetzen, wenn einzelne Klassen ein Zeitungsabonnement haben und es dadurch viel Altpapier gibt.

Spielanleitung
Gestaltet aus der Zeitung eine Kopfbedeckung oder ein Kostüm und präsentiert das der Klasse wie ein Topmodel. Die Materialien dafür sind eine Zeitung, Schere und Tesafilm. Es reicht nicht nur, ein gutes Kostüm oder eine einfallsreiche Kopfbedeckung zu haben, es ist auch wichtig, gut auf dem Laufsteg zu laufen.

Tipp
Meist finden Verkleidungsspiele großen Anklang. Das Spiel *Striptease* sei speziell für Klassenfahrten kurz erwähnt. Hier haben bekannterweise die Schüler mehrere Kleidungsstücke dabei und tauschen sowieso die Sachen oft untereinander.

Die konkurrierenden Schülergruppen wählen ein Model aus, das sich so viele Kleidungsstücke wie möglich anzieht. Gewonnen hat nach dem Auftritt das Model und sein Team, das die meisten Kleidungsstücke über eine normale Alltagsbekleidung gezogen hat. Für den Auftritt kann jedes Team auch einen Lieblingssong zur Untermalung abspielen.

Beim Ausziehen werden die Kleidungsstücke vom Publikum laut gezählt und das Team, bei dem die meisten Kleidungsstücke gezählt wurden, hat gewonnen.

Moderner Osterstrauß

Mit Ostersträußen kann man nicht nur das eigene Klassenzimmer verschönern, sondern bestimmt auch der Schulsekretärin oder dem Hausmeister eine Freude machen.

Benötigtes Material
Pro Schüler benötigt man ein Hühnerei sowie eine Stecknadel, wasserfeste Filzstifte, ein Streichholz, Schere und Zwirn, Zweige und Vasen für ein bis zwei Sträuße.

Spielanleitung
Stecht mit der Stecknadel vorsichtig zwei Löcher in die Enden des Hühnereis. Haltet es dann fest und pustet das Innere aus. Wascht anschließend das Ei kurz unter fließendem Wasser und trocknet es mit einem Taschentuch ab.

Bereitet nun die Aufhängung vor. Hierzu teilt ihr ein Streichholz und ritzt mit der Schere eine kleine Vertiefung in die Mitte des halben Streichholzes.

An dieser wird der Zwirn festgeknotet. Im Idealfall haben Sie dieses Festknoten so erklärt, dass eine Schlaufe zum Aufhängen entstanden ist und sich deren Knoten direkt am Streichholz befindet.

Führt man das Streichholz mit dem Zwirn in das Loch des Hühnereis ein, hat man eine Fadenschlaufe erzeugt, die an einen Zwang gehängt werden kann.

Wählt, wie herum das Osterei am Strauß hängen soll und bringt dementsprechend die Aufhängung an.

Zum Schluss könnt ihr das Ei so bemalen, wie es euch gefällt.

Tipp
Wenn Sie die Schüler ihre Hühnereier einzeln in eine Tasse auspusten lassen, dann kann sich jeder in der Schulküche davon auch noch ein Rührei zubereiten.

5. Zeit für Belohnungs- und Motivierungsspiele

Im Alltag, wenn man dem Lehrplan hinterherläuft und viele organisatorische Dinge zu regeln hat, richtet sich das Augenmerk viel zu selten auf die fleißigen Schüler, auf die man sich sehr gut verlassen kann. Die folgenden Spielanregungen sollen insbesondere auch diesen Schülern gerecht werden.

Kommando Wimperle

Dieses Spiel biete ich gern an, wenn Schüler im zu eintönig gewordenem Schulalltag einmal gewinnen sollen. Auch Vertretungsstunden eignen sich gut für dieses Spiel (manchen ist dieses Spiel auch unter *Simon says* bekannt), denn hier ist die Motivation der Schüler meist gering.

Lassen Sie sich z. B. auf folgenden Einsatz ein: Gewinnen die Schüler, gibt es einen weniger anstrengenden (Vertretungs-)Unterricht. Gewinnen Sie, verläuft die Stunde ganz normal.

Spielanleitung

Wir spielen gleich drei Runden *Kommando Wimperle*. Habe ich gewonnen, dann … *(Vorschlag)* machen wir den Unterricht wie geplant. Wenn ihr gewinnt, dann … *(Vorschlag)* kürze ich den Arbeitsauftrag.

Gewonnen habe ich, wenn nach drei Spielrunden 1/3 der Mitschüler ausgeschieden ist.

Das Spiel geht folgendermaßen: Alle Schüler sitzen an den Schultischen und führen Kommandos aus. Die Kommandos lauten folgendermaßen:

- *Kommando Wimperle:* Man trommelt ganz schnell mit den Zeigefingern auf der Tischkante.
- *Kommando Kante:* Man stellt die Handflächen senkrecht auf den Tisch.
- *Kommando Faust:* Man haut die geballten Hände auf den Tisch.
- *Kommando flach:* Man legt die Handflächen glatt auf den Tisch.

Die Handlungen sollen nur gemacht werden, wenn das Wort »Kommando« gerufen wird. Wird nach »Kommando Wimperle« z. B. nur »flach« gerufen, macht man ohne zu zucken mit dem vorherigen »Kommando Wimperle« weiter. Wer falsch reagiert, ist ausgeschieden und legt seine Hände auf den Rücken.

Machen Sie als Spielführer die ersten Runden vor. Es ist zu Beginn immer gut, mit »Kommando Wimperle« anzufangen.

Wollen Sie die Spannung in der Klasse erhöhen, dann lassen Sie auch einzelne Schüler mal den Spielführer übernehmen. Hierbei können Sie zum einen die Schüler in ihrer Persönlichkeit besser kennenlernen und zum anderen selbst noch etwas trainieren.

Die eigentliche Spielrunde führen Sie dann durch. Gern können Sie auch noch mitteilen, dass Sie als Spielführer die Erlaubnis haben, andere Bewegungen vorzumachen als sie ansagen und damit den Schwierigkeitsgrad erhöhen.

Tipp

Viele altbekannte Spiele wie z. B. *Bingo, Galgenraten, Montagsmaler, Promiraten* oder *Stille Post* sind nach wie vor sehr beliebt bei Schülern und motivieren diese ebenfalls zur Mitarbeit.

Während *Kommando Wimperle* und *Bingo* nur eine Spiel-

und Gewinnmöglichkeit darstellen, kann man beim *Galgen-raten, Montagsmaler, Promiraten* usw. auch Fachbegriffe aus den vorherigen Stunden abfragen.

Murmelrennstrecke

Auch bei dieser Aktion geht es darum, den Eifer der Schüler zu entfachen und ihnen Raum und Zeit für eher ungeübtes Handeln zu geben. Gern stelle ich bei diesem Spiel z. B. Haus-aufgabengutscheine oder Süßigkeiten für die Gewinner in Aussicht.

Benötigtes Material
Jede Gruppe (maximal fünf Personen) benötigt eine Murmel, den Inhalt einer Schultasche und eine Stoppuhr (z. B. Handy).

Spielanleitung
Baut mit dem Inhalt einer Schultasche eines Schülers aus eurer Gruppe eine Rennbahn, auf der die Murmel von der einen Tischkante zur gegenüberliegen-den 20 Sekunden von allein rollt. Das Team, das dieses Ziel erreicht, gewinnt.

Wird nicht die exakte Zeit geschafft, gewinnt die Gruppe, die – egal, ob es länger oder kürzer gedauert hat – am ehesten die Vorgabezeit erreicht.

Erlaubt ist es beispielsweise, die eingebundenen Schulbücher unter das Tischbein zu legen und damit ein Gefälle zu schaffen. Mit Stiften und anderem Material aus der Schultasche könnt ihr Wege legen, um die Murmel zu leiten.

Tischfußball

Fußball ist nach wie vor eine sehr beliebte Sportart. Beson-ders, wenn Fußballmeisterschaften anstehen, biete ich sehr gern *Tischfußball* an.

Spielanleitung

Bei diesem Spiel gibt es Zweier-Teams mit jeweils einem Schultisch als Spielfeld. Das mittlere Drittel der Tischseiten wird durch einen Kreidestrich als Tor gekennzeichnet. Als Fußball dient ein zusammengeknülltes Papier. Zwei Spieler versuchen mit flacher Hand den Fußball ins gegnerische Tor zu schießen. Hierfür haben sie eine Minute lang Zeit.

Sinnvoll ist es, zwei Schiedsrichter jedem Spielerteam zuzuordnen: Somit sind immer mehrere Schüler in ein Spiel eingebunden und es wird allzu große Unruhe vermieden. Darüber hinaus können so die Spielerteams leicht untereinander tauschen und damit ohne großen Zeitverlust gegen jeden spielen.

Die einzelnen Teams notieren die Spielstände und ermitteln somit ihre Gruppensieger. Ziel ist es, dass jeder Schüler einmal gespielt hat. Dann können die jeweils Besten der ersten Spielrunde wieder gegeneinander antreten. Die letzten beiden spielen gegeneinander und werden von den Mitschülern angefeuert.

Tipp

Nach diesem eher aufregenden Wettkampf bietet es sich an, die Schüler mit dem Konzentrationsspiel *Reihenfolge merken* etwas zu beruhigen. Hierzu können Sie ein weiteres Mal den *Fußball* verwenden. Werfen Sie ihn einem Schüler zu und nennen dessen Namen. Dieser merkt sich, von wem er den Fußball bekommen hat, wirft ihn weiter und nennt dabei den nächsten Namen. Auch dieser Schüler merkt sich, von wem er den Fußball bekommen hat und wirft nach der bekannten Methode weiter. So entsteht die Spielreihenfolge.

Hat jeder Schüler der Klasse den Fußball einmal bekommen, wird getestet, ob sich die Klasse die Spielreihenfolge gemerkt hat: Der Fußball wird auf dem gleichen Weg wie zuvor wieder von Schüler zu Schüler zurückgeworfen.

Vertut sich ein Schüler in der Spielreihenfolge, erhält er den Ball zurück und hat einen zweiten Versuch.

Froscholympiade

Bei der Froscholympiade verbinden Sie Origami mit einem kleinen olympischen Klassenwettbewerb.

Benötigtes Material
Quadratisches Papier

Spielanleitung
Zuerst stellt jeder aus einem quadratischen Papier einen Frosch her (vgl. Anleitung im Anhang). Bitte malt ihm Augen auf und beschriftet ihn mit einem Namen, damit man ihn dem Besitzer zuordnen kann.

Je nach Größe (ein Quadrat aus einem DIN-A4 oder DIN-A3-Blatt) und Festigkeit des Papiers ändert sich die Spannkraft des Spielfrosches und seine möglichen Leistungen.

Dieser Frosch wird Wettkämpfe im Weit- und Hochsprung sowie im Langstreckenlauf (Pflichtübungen) absolvieren. Alle Ergebnisse halten wir an der Tafel fest und ihr messt mithilfe eurer Lineale, wie weit oder wie hoch ein Frosch springen kann bzw. mit wie vielen Sprüngen er eine Tischplatte überqueren kann. Vielleicht kann er sogar einen Salto?

Lassen Sie den Schülern vor dem Wettbewerb Zeit, mit ihren Fröschen zu üben. Je nachdem, wie sanft oder mit wie viel Druck auf das Hinterteil des Papierfrosches gedrückt wird, kann dieser die Disziplinen bewältigen.

Tipp
Nach der Aktion *Tischfußball* oder der *Froscholympiade* lasse ich die Schüler gern aus gegebenem Anlass den Text der Nationalhymne auswendig lernen und bespreche, wie es wirkt, wenn Sportler sämtlicher Nationen die eigene Hymne mitsingen.

6. Die Klassengemeinschaft festigen

Sich aufeinander einzulassen stellt heutzutage eine wichtige Herausforderung dar. Nachfolgende Spiele bieten verschiedene Möglichkeiten, einander wahrzunehmen und Kontakte herzustellen.

Menschen-Memory

Bei diesem Spiel bewegen sich alle Schüler im Raum.

Spielanleitung

Zwei Spieler gehen vor die Tür. Die verbleibenden Schüler bilden Paare (geht die Zahl nicht auf, sollten Sie als Lehrperson auch mitspielen).

Die Schülerpaare denken sich jeweils eine gemeinsame Bewegung aus und verteilen sich anschließend einzeln im Raum. Dann werden die beiden Spieler von draußen wieder hereingeholt.

Im Folgenden soll Menschen-Memory – wie das bekannte Kartenspiel – gespielt werden: Ein Spieler ruft nacheinander zwei Schüler auf, die ihre Bewegung vorführen. Hat ein Spieler ein Pärchen gefunden, stellen sich die beiden zu ihm und er darf erneut zwei Schüler aufrufen. Hat er falsch geraten, ist der andere Spieler dran. Wer mehr Schüler hinter sich versammelt hat, ist der Gewinner des Spiels und darf die nächsten Spieler bestimmen.

Tipp

Ein Bewegungsmotto, wie z. B. etwas aus dem Bereich *Sport* oder der *Tierwelt*, stellt eine attraktive Abwechslung des Spiels dar. Eine weitere Variation schaffen Sie, wenn Sie Worte oder Geräusche zulassen.

Im Fremdsprachenunterricht lässt sich der Anspruch des Spiels deutlich erhöhen, indem Sie die Einbindung verschiedener Vokabeln voraussetzen.

Blinzeln

Jemandem in die Augen zu schauen, ist nicht für alle Schüler leicht und wird daher mithilfe dieses Spiels geübt.

Spielanleitung

Grundspiel *Zublinzeln:*

Wir bilden im Stehen einen Kreis und eine Person steht in der Mitte. Wenn sich zwei Schüler aus dem Kreis in die Augen blicken und sich zublinzeln, ist das ihr Zeichen, dass sie den Platz tauschen werden.

Beim Wechsel des Platzes versucht der in der Mitte stehende Spieler, in eine der frei werdenden Lücken zu kommen. Gelingt es ihm, bleibt bei dem Tauschpärchen eine Person übrig, die nun in der Mitte steht. Auch ihr Wunsch ist es, sich wieder im Kreis einzureihen, wenn andere Paare durch Zublinzeln den Platz tauschen.

Je mutiger die Schüler beim Blinzeln werden, umso turbulenter kann das Spiel werden. Dann bietet sich die Variante *Bodyguard* an.

Variante *Bodyguard:*

Die Hälfte von euch steht im Kreis. Ihr seid Bodyguards. Verschränkt eure Hände auf dem Rücken.

Vor jedem Bodyguard steht ein Schüler aus der verbleibenden Hälfte der Klasse. Das sind die Prominenten. Sie werden also von jeweils einem Bodyguard bewacht. Ein einzelner Prominenter steht eingereiht im Kreis allein da: Er hat keinen Bodyguard.

Durch Zublinzeln versucht er, jemanden zu sich zu holen. Blinzelt er also einen Promi-Mitschüler an, versucht dieser zu ihm zu laufen.

Hat der Bodyguard bemerkt, dass sein Promi angeblinzelt wurde, will er ihn bei sich behalten. Er hält ihn an den Schultern fest. *(Brillenträger und Schülerinnen werden es Ihnen danken, wenn Sie den Zusatz »An den Schultern festhalten« besonders betonen.)*

Ist die Flucht gelungen, wird der entflohene Prominente zum Bodyguard des neuen Promi (dem zuvor allein im Kreis Stehenden). Der zurückgelassene Bodyguard steht dann allein im Kreis und sucht sich einen neuen Partner durch Zublinzeln.

Variante *Wer war der Mörder?*:

Einer von euch ist Detektiv und verlässt den Raum. Ein Mörder wird in der Klasse bestimmt und alle stellen sich im Kreis auf. Dann kehrt der Detektiv zur Klasse zurück und reiht sich in den Kreis ein. Wenn der Mörder einen Mitschüler anblinzelt, sackt dieser leblos an seinem Platz zusammen. Der Detektiv darf dreimal raten, wer der Mörder ist. Wenn er richtig lag, hat er gewonnen.

Der Mörder hat zwei Gewinnmöglichkeiten: Entweder schafft er es, durch Zublinzeln all seine Mitspieler zu töten, ohne entlarvt worden zu sein, oder er gewinnt, wenn der Detektiv sich dreimal vertan hat.

Seven up

Dieses Spiel bietet der Klasse eine kurze Entspannungsphase.

Spielanleitung

Sieben Spieler stehen vor der Klasse. Alle anderen Schüler bleiben an ihren Plätzen, legen ihre Köpfe auf die Tischplatte, schließen die Augen und stellen eine Hand mit dem Daumen nach oben auf.

Jeder der sieben vorne stehenden Spieler geht nun im Klassenzimmer herum und drückt einen Daumen eines Schülers herunter. Wenn das geschehen ist, kommen die sieben Spieler wieder nach vorne.

Nun richtet sich der Rest der Klasse wieder auf. Die Klassenkameraden, deren Daumen herunter gedrückt worden sind, stellen sich nun hinter denjenigen Spieler, vom dem sie glauben, dass er den Daumen herunter gedrückt hat. War die Einschätzung richtig, tauschen die beiden die Rolle und das Spiel beginnt von Neuem.

Zusammen schaffen wir es

Bei diesem Spiel verbinden sich das körperliche Geschick der Schüler und die Klassengemeinschaft wird gefestigt.

Spielanleitung
Die folgende Aufgabe lautet, sich aus dem Sitzen auf dem Boden gegenseitig so hochzuziehen, dass beide Schüler zum gleichen Zeitpunkt vom Boden abheben.

Wir beginnen mit jeweils zwei Schülern. Es ist optimal, wenn diese einigermaßen gleich groß oder schwer sind. Sie setzen sich gegenüber auf den Boden. Es ist leichter, wenn eure Knie leicht angewinkelt sind und sich eure Fußspitzen berühren. Dann fasst ihr euch an den Händen und zieht euch gleichzeitig hoch.

Wenn zwei Schüler das geschafft haben, suchen sie sich ebenfalls ein erfolgreiches Paar und führen die Aktion zu viert durch.

Nach jedem weiteren geglückten Versuch sollten zwei weitere Paare bei größeren Gruppen hinzugenommen werden, in der Hoffnung, dass es die gesamte Klasse schafft, einmal gemeinsam miteinander aufzustehen.

Tipp
Hat das Spiel Spaß gemacht, können Sie auch noch das Spiel *Aufstand* anbieten. Es verläuft nach dem gleichen Prinzip wie *Zusammen schaffen wir es,* nur dass sich die Schüler Rücken an Rücken setzen und mit eingehakten Armen und angewinkelten Beinen aufstehen sollen.

Klassenstuhl

Ist der Teamgeist in der Klasse entfacht, wird das Spiel *Klassenstuhl* allen Freude machen.

Spielanleitung

Im Stehen bilden wir einen ganz engen Kreis. Dann drehen wir die rechte Schulter in die Mitte und rücken noch enger im Kreis zusammen.

Legt dem Vordermann die rechte Hand auf die Schulter und die linke Hand auf das linke Knie des Hintermannes. Haben alle Spieler im Stehen einen guten Halt gefunden, dann setzen sich alle ganz langsam auf den Schoß des hinteren Spielers.

Ist der Kreis wirklich rund und stehen alle Schüler schön eng beisammen, ist der Klassenstuhl – ganz gleich welches Gewicht jeder Einzelne hat – stabil.

Tipp

Gern können Sie in dieser Sitzposition dann auch noch die Aktion *Regenschauer* anbieten. Hierbei bekommt der Vordermann eine kleine Rückenmassage. Sagen Sie an, was zu tun ist. Beginnen Sie mit leichtem Regen. Dabei klopft man ganz vorsichtig mit den Fingerspitzen auf den Rücken. Indem man mit Händen großflächig über den Rücken streift, wird heftiger Regen simuliert. Bei Hagel kann man sanft mit den Fäusten auf den Rücken klopfen. Besonders schön ist es, mit einem leichten Regen zu enden.

Knoten entwirren

Bei diesem Spiel wird die Teamfähigkeit und die Beweglichkeit der Schüler geschult.

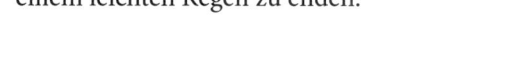

Spielanleitung

Es werden zwei Schüler zum Entwirren des Knotens bestimmt. Sie stellen sich zunächst an den Rand der Klasse und warten.

Die verbleibenden Schüler der Klasse treten nah aneinander, heben die Hände in die Höhe und ergreifen jeweils zwei unterschiedliche Hände, die sie die ganze Zeit lang festhalten. So entsteht der willkürliche Klassenknoten.

Nun ist es die Aufgabe der zwei ausgesuchten Schüler, den Klassenknoten zu lösen. Die Spieler können den Knoten ausschließlich dadurch entwirren, dass einzelne Schüler über die Handverbindungen der anderen steigen oder unter ihnen durchsteigen, sich drehen und wenden.

Tipp

Hat dieses Spiel Freude bereitet, können Sie auch noch *Titanic* anbieten. Bei diesem Spiel überleben nur die Passagiere, die zusammen ausgeharrt haben. Sie benötigen Zeitungspapier und erzählen eine Vorgeschichte:

Der Luxusdampfer Titanic ist bereits untergegangen und die Überlebenden warten auf Hilfe. Sie haben sich auf Eisschollen gerettet. So lange sie auf den Eisschollen stehen, sind sie sicher. Leider schmilzt das Eis sehr schnell und es bleibt fraglich, wie viele Menschen überleben werden, bis Hilfe kommt.

Zum Spielablauf: Verteilen Sie einzelne Zeitungsseiten im Klassenzimmer. Das sind die Eisschollen, auf die sich die Schüler verteilen dürfen. Dann gehen Sie herum und reißen die Zeitungsseiten kleiner. Zeitung können sie nur dort abreißen, wo sich keine Füße befinden. Sie bemühen sich aber, möglichst viel Papier zu bekommen und so die Größe der Eisscholle deutlich zu verringern. Die Schüler werden sehen, wie eng man auf der Eisscholle aneinanderrücken kann.

Busfahren

Bei dieser Aktion werden die Schüler für ihre Umgebung sensibilisiert und lernen, auf sich und andere zu achten. Bei der Aktion *Busfahren* sollen sie sichere (gute) Sitzplätze von anderen unterscheiden lernen und dementsprechend ihre Sitzplatzwahl sowohl auf dem Schulweg als auch in der Freizeit zukünftig bewusster treffen.

Spielanleitung

Lassen Sie Stühle und Tische beiseite räumen. Bauen Sie dann mit einzelnen Stühlen des Klassenzimmers das Innere eines Busses nach: Eine vordere und hintere Einstiegstür wird frei gelassen. Denken Sie an den Stehplatzbereich in der Mitte des Busses. Natürlich soll auch die letzte Sitzreihe nicht fehlen.

Wir spielen nun *Busfahren* und brauchen dazu einen Busfahrer und drei Fahrgäste, die bereits im Bus sitzen. Der Busfahrer hält nach Spielstart fünfmal an und sagt dann jeweils an, wie viele Menschen ein- und aussteigen. Es stehen maximal zehn weitere Schüler zum Einsteigen zur Verfügung. Die anderen beobachten die Aktion bitte sehr aufmerksam. Im Anschluss an die Aktion wollen wir darüber sprechen, auf welche Plätze sich Menschen im Bus setzen.

Bei dieser Aktion geht es weniger darum zu zählen, wer wann ein- oder aussteigt, noch um das Rollenspiel an sich. Es gilt in einem ausführlichen Gespräch miteinander herauszustellen, welche Sitzplätze sicherer sind als andere, um Belästigungen zu entgehen.

Ein Sitzplatz an der Gangseite ist hierbei immer der sichere Sitzplatz. Die Plätze im hinteren Teil des Busses sind besonders gefährdet. Sitzt man im hinteren Teil des Busses, kann einen eine größere Gruppe, die es nicht gut mit einem meint, umzingeln, indem sie den Gang zum Stehplatzbereich verstellt. Der Fahrgast kann schlecht aussteigen und der Blickkontakt zum Busfahrer ist unterbrochen.

7. Aktionen mit Geist

Mit dem folgenden Kapitel werden Aktionen und Spiele vorgestellt, die dazu beitragen, sich auf sich selbst und seine Gedanken zu besinnen und diese zu lenken.

Spitzensportler

Es steckt viel mehr in jedem von uns, als wir zunächst glauben. *Spitzensportler* ist eine Aktion, die den Schülern zeigt, wie viel in ihnen steckt.

Spielanleitung

1. Ausgangsposition:
Wir stehen alle auf und stellen die Füße hüftbreit auf den Fußboden. Dann heben wir den rechten Arm und strecken ihn in Schulterhöhe gerade aus. Verlängert den Arm mit dem ausgestreckten Zeigefinger.

2. Übung:
Nun drehen wir die Hüfte so weit nach rechts um den Körper herum, bis wir weder in der Hüfte noch mit dem Arm weiter drehen könnten. Es ist wichtig, dass ihr euch wirklich so weit dreht, dass ihr nicht mehr weiterkommt. Dann merkt sich jeder Einzelne den Punkt an der Wand, auf den sein Zeigefinger zeigt. Nun drehen wir uns wieder in die Ausgangsstellung zurück. Lasst auch den Arm wieder sinken und hängen.

3. Wiederholung der Übung im Geiste:

In der zweiten Runde machen wir diese Aktion nur in unseren Gedanken. Schließt bitte die Augen und wiederholt die Übung. Wirklich nur in Gedanken. Wir stellen uns vor, dass wir den Arm anheben und mit gestrecktem Zeigefinger wieder um unsere eigene Körperachse nach rechts drehen. Und wir versuchen noch ein wenig weiter zu kommen … Wenn es wirklich nicht mehr geht, merken wir uns in Gedanken wiederum einen Punkt an der Wand und kommen in die Ausgangsstellung zurück.

4. Wiederholung der körperlichen Übung:

In der letzten Runde führen wir alle miteinander die Übung noch einmal mit offenen Augen in Wirklichkeit durch. Die Beine stehen hüftbreit, der rechte Arm wird angehoben, der Zeigefinger wird ausgestreckt und ihr fangt an, euch so weit wie möglich nach rechts zu drehen.

5. Fazit:

In 90 % der Fälle erfahren hier die Schüler und Sie, dass bei der Wiederholung der Übung in Wirklichkeit der eigene Körper sich weiter drehen kann als beim ersten Mal: Sogar deutlich weiter!

Die Durchführung dieser oder einer ähnlichen Aktion lässt sich z. B. auch bei sämtlichen Übertragungen von Olympischen Spielen oder anderen Sportwettkämpfen beobachten.

Es ist ein Versuch, Schülern eine sogenannte *Visualisierungstechnik im Geiste* zu vermitteln: Hat mein Kopf ein Ziel, fällt es leichter, es zu erreichen. Die Aktion soll Schüler ermuntern, sich immer wieder konkrete Ziele zu stecken.

10er Schlüssel

Mit dieser Aktion erhalten Ihre Schüler im wahrsten Sinne des Wortes einen Schlüssel, mit dem sie sich nicht nur zehn Dinge merken können, sondern diese auch immer wieder einer Zahl zuordnen können. Die Idee dieses 10er Schlüssels

ist an das Gedächtnistraining von Roland Geisselhard angelehnt.

Spielanleitung

Ihr erhaltet einen 10er Schlüssel. Hier sind einzelne Zahlen, Bildern zugeordnet. Wir erzählen dazu eine Geschichte und stellen uns die Szenen mit geschlossenen Augen vor.

Die Bilder zu den Zahlen sind vorgegeben.
Die 0 ist ein Luftballon,
die 1 ein Baum,
die 2 ein Schwan,
die 3 ein Teufelsdreizack,
die 4 ein Kleeblatt,
die 5 eine Hand mit fünf ausgestreckten Fingern,
die 6 der Rüssel eines Elefanten,
die 7 eine wehende Fahne,
die 8 eine Sanduhr und
die 9 eine eingerollte Schlange.

Schreiben Sie die Zahlen und die dazugehörigen Assoziationen an die Tafel. Rufen Sie dazu Schüler auf, die Ihnen irgendwelche Gegenstände nennen.

Nennt mir nur zehn Gegenstände, die euch zum Thema Federmäppchen einfallen.

Notieren Sie die genannten Gegenstände hinter den Bildern.

Beispiel zu: Gegenstände im Federmäppchen
0 = Federmäppchen
1 = Stift
2 = Radiergummi
3 = Lineal
4 = Geodreieck
5 = Anspitzer

6 = Tintenpatrone
7 = Bleistift
8 = Buntstift
9 = Tipp-Ex

Lasst uns gemeinsam eine Geschichte erfinden, in der die Gegenstände vorkommen.

Hierbei beginnt der Lehrer die Geschichte beispielsweise wie folgt:
Plötzlich tat es einen lauten Knall. Ein Luftballon platzte und ein Federmäppchen fiel zu Boden, direkt neben einen Baum. Während des Absturzes war ein Stift rausgefallen, der sich in der Rinde des Baumes verfing.

Nun erzählen die Schüler weiter. Was könnte passieren?

Fordern Sie die Schüler auf, weitere Zusammenhänge zwischen dem Baum und dem Stift, dem Schwan und dem Radiergummi usw. herzustellen und lassen Sie dazu Geschichten schreiben.

Lassen Sie im Anschluss den Zahlencode der Geschichte durch Partnerarbeit ermitteln.

Tipp

Gegenstände mit etwas (z. B. Zahlen oder Vokabeln) zu assoziieren, ist ein gutes Gedächtnistraining. Wichtig ist, dass die Bilder des Zahlenschlüssels immer die gleichen bleiben. Lassen Sie etwas Zeit vergehen und wenden Sie diese Methode immer wieder mit neuen, den Zahlen zugeordneten Gegenständen an.

Erlebnisreise für den Kopf

Im Kopf kann man alles erleben, alles ist möglich. Diese Kompetenz kann man nutzen, um z. B. Fachwissen zu vermitteln: Man kann die Erlebnisse und Gefühle einer historischen Person darstellen oder aus Sicht eines Gegenstands ein Thema lebensnah darstellen.

Es kann für die Schüler spannend sein, wenn man sich z. B. den Weg eines Sauerstoffmoleküls beim Einatmen verbildlicht: Lustig muss es zugehen, wenn sich viele Sauerstoffteilchen drängeln, wenn sie als Luftstrom durch die Nase durch einen langen Schlauch, sprich die Luftröhre, in den Körper eingesogen werden. Wie gut muss sich ein Sauerstoffteilchen fühlen, wenn durch seine Anwesenheit eine Zelle wieder prall und kräftig wird?

Möchte man Entspannung bewirken, erzählt man eine Fantasiereise, die schöne Orte, Aktionen und wohltuende Begebenheiten aufgreift. Nachfolgend habe ich hierzu eine Fantasiereise mit dem Titel *Ausflug ans Meer* formuliert und die Anweisungen, wie sich die Schüler darauf einstellen können, notiert.

Spielanleitung

Setze dich ruhig auf deinen Stuhl. Stelle die Füße fest auf den Boden. Lehne dich entweder an der Stuhllehne an, lege deine Hände auf die Schenkel und neige den Kopf etwas zur Brust, oder lege deine Arme auf den Tisch und bette deinen Kopf auf sie. Schließe bitte deine Augen.

Du hörst Möwengeschrei und Wellen, die an eine Hafenmauer schlagen. Du blickst an der Mauer hinunter und beobachtest das wogende Wasser.

Da hörst du, dass jemand deinen Namen ruft. Du blickst auf und siehst einen Freund, dessen Elektroboot an einem Steg liegt. Er lädt dich ein, mit ihm einen Bootsausflug zu machen. Freudig stimmst du zu, ergreifst die Hand deines Freundes, damit du sicherer einsteigen kannst, und setzt dich hin.

Du legst eine Schwimmweste an und ihr fahrt langsam aus dem kleinen Hafen heraus. Andere Leute auf ihren Booten winken euch zu und rufen »Schiff ahoi«. Als ihr den Hafen verlassen habt, wird das Elektroboot schneller und

lauter. Deine Haare wehen im Wind, während ihr parallel an der Küste entlang zieht. Salziges Meerwasser spritzt auf deine Haut und die warme Sonne trocknet es gleich. Du wendest dein Gesicht der Sonne zu und genießt die Wärme.

Lehne dich nun im Boot zurück und hänge deine Hand ins Wasser. Sanft umspült das Meer deine Finger und erfrischt dich.

An der Küste kannst du badende Gäste erkennen. Farbige Sonnenschirme spenden den Menschen, die sich auf Liegestühlen ausruhen, Schatten.

Dein Freund sieht, wohin du blickst und kann deinen Wunsch erahnen. Er bietet dir an, dich wieder mit zurück zum Hafen zu nehmen oder dich an diesem Badestrand abzusetzen. Da du weißt, dass sich weitere Freunde von dir dort befinden, fahrt ihr zum Strand.

Das Wasser ist ganz flach. Du kannst auf den hellen Meeresboden blicken. Du bittest, schon jetzt aussteigen zu dürfen, was natürlich möglich ist. Du ziehst deine Schuhe aus, krempelst deine Hose etwas hoch und freust dich über das warme Meereswasser. Du findest Halt auf dem Boden und watest die letzten Schritte langsam zum Strand.

Jemand ruft deinen Namen. Du blickst dich um und entdeckst deine Freunde am Strand. Sie sitzen am Rand eines Beachvolleyballfeldes und beobachten ein Spiel. Gehe zu ihnen, setze dich dazu und genieße die Wärme des Strandes und das Zusammensein mit deinen Freunden.

Du atmest noch einmal tief ein und aus und fängst an, dich zu strecken: Deine Finger, Hände und Arme, deinen Rücken, deinen Kopf und Nacken sowie deine Beine und Füße. Auch deine Augen öffnest du nun wieder. Voller Ruhe und Entspannung befindest du dich nun wieder auf deinem Platz.

Tipp

Wenn Ihnen und den Schülern die Fantasiereise gefallen hat, dann können Sie dieses Mittel zur Konzentrationssteigerung regelmäßig in Ihrem Unterricht nutzen.[1]

1   Stein, Meike: Fantasiereisen für Schüler. Entspannungsangebote für die Sek I. Göttingen 2011

Gewaltskala

Bei der Aktion Gewaltskala erhalten zunächst einzelne Schüler die Gelegenheit ihr Gewaltempfinden auszudrücken.

Benötigtes Material
Vorbereitete Skala und Textkarten

Vorbereitung
Schreiben Sie die Zahlen 0, 10, 20, 30, 40, 50, 60, 70, 80, 90 und 100 auf jeweils einen von insgesamt 11 Zetteln. Diese Blätter stellen eine Skala dar und werden in gleichen Abständen von ca. 30 cm auf dem Fußboden ausgelegt.

Bereiten Sie ebenfalls Zettel mit verschiedenen Behauptungen wie z. B. »eine Mücke töten«, »Mitschüler beschimpfen«, »Drängeln im Bus«, »ein Polizist trägt eine Waffe«, »Ohrfeige«, »im Krieg schießen«, »Sportart: Boxen« usw. vor. Besonders griffig sind diese Zettel, wenn Sie sie vorher laminieren. Sie lassen sich dann bei einem späteren Umlegen auch leichter fassen und umplatzieren.

Spielanleitung
Legen Sie die Skala von 0–100 aus.

Wir bilden nun einen großen Stuhlkreis. Einige Schüler erhalten (laminierte) Zettel von mir. Ihr sollt diese anschließend kommentarlos an der Gewaltskala anlegen. Bei »0« wird die Gewalt am geringsten, bei »100« am höchsten empfunden. Die anderen beobachten, wie Einzelne ihre Karten zuordnen.

Lassen Sie die Schüler die Zettel zuordnen. Sie können der Klasse noch den Hinweis geben:
Wenn du einzelne Karten anders legen willst, meldest du dich und legst die Karten ohne zu sprechen um.

Spielen Sie diese Aktion ruhig mehrmals durch. Im Geist

überprüfen die Schüler ihre Gefühle und Einschätzungen und erfahren allein durch das Beobachten des Vorgangs, wie unterschiedlich die Wertungen und Empfindungen der Mitschüler sind.

Tipp

Besonders spannend ist es, wenn Sie als Lehrer während der Aktion auch einmal einen Zettel verschieben. Legen Sie z. B. »eine Mücke töten« einmal auf 70 % der Gewaltskala und regen dadurch eine Diskussion an.

Weiterer Tipp

Im Anschluss an diese Aktion bietet es sich an, ausführlich über Gefühle oder weitere – speziell diese Gruppe betreffende – Themen wie z. B. »mobben« oder »vom Lehrer abgelehnt werden« zu sprechen.

Literatur

Brindl, Sabine Rosalie: Das Glücklich-Spiel. Sich seiner selbst bewusst sein. Darmstadt, 2011

Diepold, Siga (Hrsg.): Die Fundgrube für Klassenlehrer. Das Nachschlagewerk für jeden Tag. Berlin, 2003

LBS Hessen-Thüringen und der Hessenstiftung – Familie hat Zukunft in Zusammenarbeit mit dem Deutschen Kinderschutzbund (DKSB) Landesverband Hessen e. V.: LBS-KinderBAROMETER Deutschland 2011 Länderbericht Hessen. Stimmungen, Meinungen, Trends von Kindern und Jugendlichen in Hessen. http://www.kinderschutzbund-hessen.de/ueberuns/graphics/LBS-Kinderbarometer_Laenderbericht_Hessen_2011.pdf, abgerufen am 08.05.2012

Mattes, Wolfgang: Methoden für den Unterricht. 75 kompakte Übersichten für Lehrende und Lernende. Paderborn, 2011

Stein, Meike: Fantasiereisen für Schüler. Entspannungsangebote für die Sek. I. Göttingen, 2011

Und: www.meikestein.de

Anhang

Faltanleitung: Himmel und Hölle

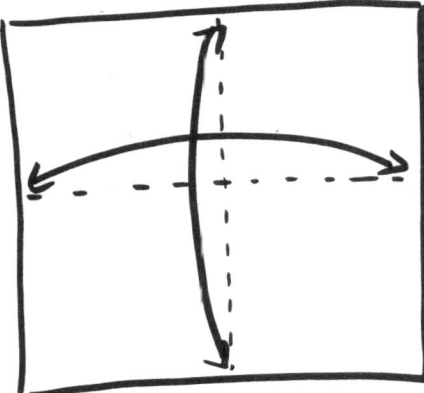

Bild 1: Das Blatt wird horizontal und vertikal gefaltet. Anschließend wird es wieder aufgefaltet.

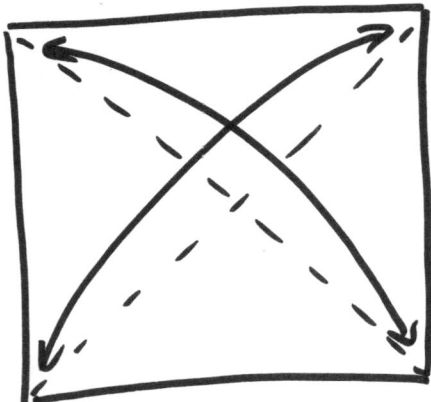

Bild 2: Falten Sie ebenso jeweils einmal diagonal und breiten das Blatt wieder aus.

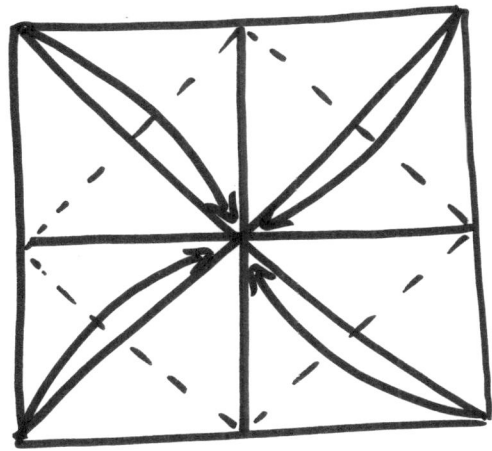

Bild 3: Falten Sie alle vier Ecken zur Mitte.

Bild 4: Das Quadrat wenden.

Bild 5: Noch einmal alle vier Ecken zur Mitte falten.

Bild 6: Falten Sie anschließend die untere Hälfte nach oben.

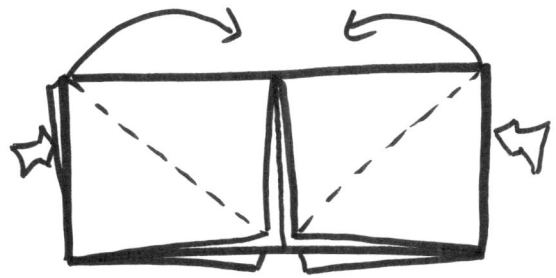

Bild 7: Greifen Sie von unten mit den Fingern in die vier
Taschen und formen das Modell aus.

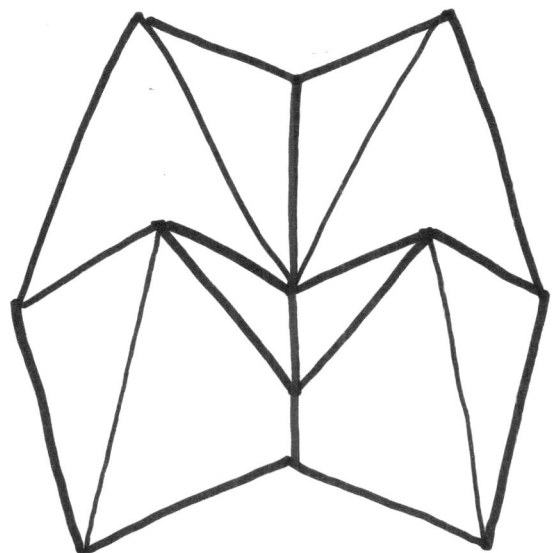

Bild 8: Fertiges Spiel.

Faltanleitung: Origami-Frosch

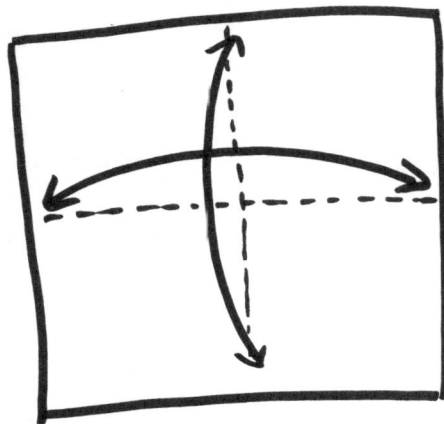

Bild 1: Falten Sie das Blatt zuerst vertikal, dann horizontal und anschließend jeweils einmal diagonal.

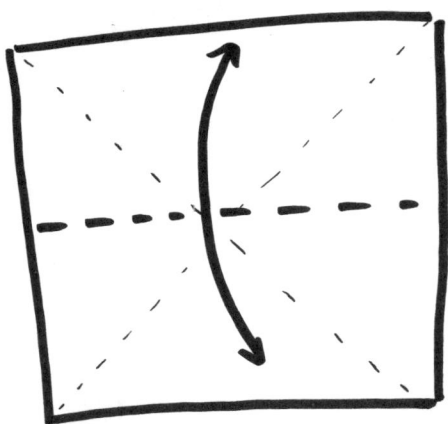

Bild 2: Öffnen Sie das Blatt zunächst wieder, um es dann einmal horizontal zu falten.

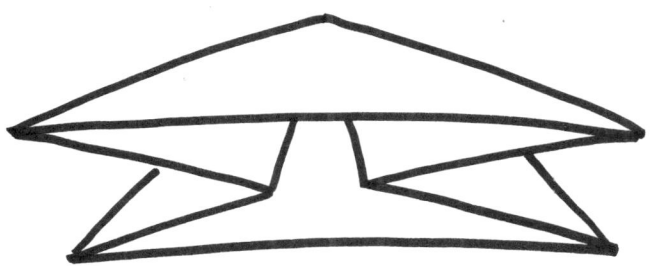

Bild 3: Falten Sie das Papier entlang der vorgefalteten
Kanten, sodass sich ein Dreieck ergibt.

Bild 4: Anschließend falten Sie beide unteren Ecken zur
oberen Dreiecksspitze.

Bild 5: Die Kanten, die sich ergeben haben, zur Mitte falten.

Bild 6: Die oberen Spitzen können Sie als Augen des Frosches aufrichten.

Bild 7: Drehen Sie die Faltarbeit um.

Bild 8: Anschließend falten Sie die beiden äußeren Kanten
des Dreiecks zur Mitte, sodass die äußeren Ecken unten
zusammenkommen.

Bild 9: Falten Sie die Kanten, die in der Mitte zusammen-
stoßen, zurück nach außen. Das sind die Froschschenkel
(Beine).

Bild 10: Falten Sie den Frosch in der Mitte nach oben.

Bild 11: Knicken Sie die Papierkante zwischen den Frosch-
beinen zurück zur horizontalen Kante. Das ergibt eine
Erhöhung – vergleichbar mit einem Kniegelenk.

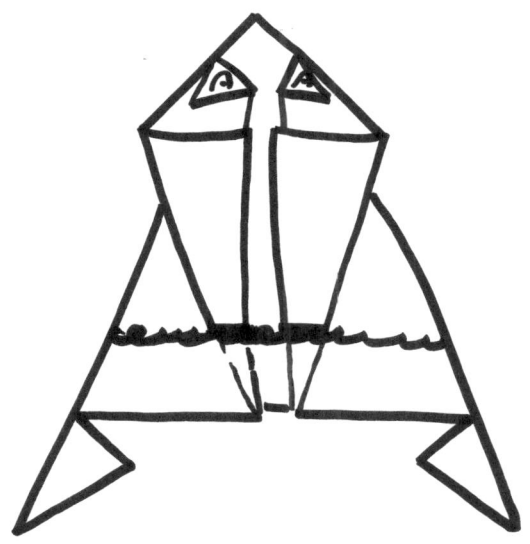

Bild 12: Damit ist der Frosch fertig. Um ihn springen zu
lassen, drückt man mit dem Daumen auf den unteren
Rücken.

Meike Stein

Fantasiereisen für Schüler

Entspannungsangebote
für die Sek. I

2011. 109 Seiten mit 2 Abbildungen,
kartoniert
ISBN 978-3-525-70120-1

Ob Ruhe, Erlebnis, Action oder Naturerlebnis – eine kurze
angeleitete Reise in die eigene Fantasiewelt fördert Harmonie
und Gemeinschaft im Schulalltag und macht fit für neue
Aufgaben, Themen und Unterrichtsherausforderungen.

Vierzig Fantasiereisen, für jede Schulwoche eine, bieten
neben schulfernen Themen auch solche, die typische Schul-
alltagsprobleme aufgreifen und den SchülerInnen helfen,
neue Lösungsansätze zu finden.

Und eine eigene Fantasiereise entwerfen? Kein Problem:
Mit der Anleitung von Meike Stein können LehrerInnen
wie SchülerInnen ihre eigene Kreativität erproben und
sich ganz individuelle Fantasiereisen ausdenken.

Vandenhoeck & Ruprecht